三国两晋南北朝
——群雄并立

◎ 主编 金开诚

◎ 编著 于元

吉林出版集团

吉林文史出版社

图书在版编目（CIP）数据

三国两晋南北朝 ：群雄并立／金开诚著. —— 长春 ：
吉林文史出版社，2011.11（2023.4重印）
（中国文化知识读本）
ISBN 978-7-5472-0933-2

Ⅰ. ①三… Ⅱ. ①金… Ⅲ. ①中国历史-三国时代-
通俗读物②中国历史-魏晋南北朝时代-通俗读物 Ⅳ.
①K235.09

中国版本图书馆CIP数据核字(2011)第226304号

三国两晋南北朝——群雄并立

SANGUO LIANGJIN NANBEICHAO QUNXIONG BINGLI

主编／金开诚 编著／于 元

项目负责／崔博华 责任编辑／崔博华 梁丹丹

责任校对／梁丹丹 装帧设计／李岩冰 李宝印

出版发行／吉林出版集团有限责任公司 吉林文史出版社

地址／长春市福祉大路5788号 邮编／130000

印刷／天津市天玺印务有限公司

版次／2011年11月第1版 印次／2023年4月第3次印刷

开本／660mm×915mm 1/16

印张／9 字数／30千

书号／ISBN 978-7-5472-0933-2

定价／34.80元

前　言

　　文化是一种社会现象，是人类物质文明和精神文明有机融合的产物；同时又是一种历史现象，是社会的历史沉积。当今世界，随着经济全球化进程的加快，人们也越来越重视本民族的文化。我们只有加强对本民族文化的继承和创新，才能更好地弘扬民族精神，增强民族凝聚力。历史经验告诉我们，任何一个民族要想屹立于世界民族之林，必须具有自尊、自信、自强的民族意识。文化是维系一个民族生存和发展的强大动力。一个民族的存在依赖文化，文化的解体就是一个民族的消亡。

　　随着我国综合国力的日益强大，广大民众对重塑民族自尊心和自豪感的愿望日益迫切。作为民族大家庭中的一员，将源远流长、博大精深的中国文化继承并传播给广大群众，特别是青年一代，是我们出版人义不容辞的责任。

　　本套丛书是由吉林文史出版社组织国内知名专家学者编写的一套旨在传播中华五千年优秀传统文化，提高全民文化修养的大型知识读本。该书在深入挖掘和整理中华优秀传统文化成果的同时，结合社会发展，注入了时代精神。书中优美生动的文字、简明通俗的语言、图文并茂的形式，把中国文化中的物态文化、制度文化、行为文化、精神文化等知识要点全面展示给读者。点点滴滴的文化知识仿佛颗颗繁星，组成了灿烂辉煌的中国文化的天穹。

　　希望本书能为弘扬中华五千年优秀传统文化、增强各民族团结、构建社会主义和谐社会尽一份绵薄之力，也坚信我们的中华民族一定能够早日实现伟大复兴！

目录

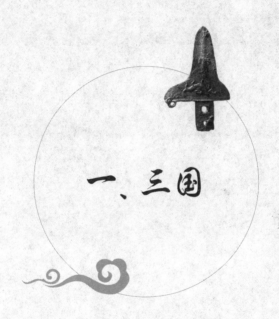

一、三国

三国（220—280年）是中国历史上东汉与西晋之间的历史时期。在这个时期里，天下三分，如三足鼎立，有曹魏（魏国）、蜀汉（蜀国）、东吴（吴国）三个政权。

（一）曹魏

汉献帝延康元年（220年），曹操去世，世子曹丕即位为魏王。

汉灵帝中平四年（187年）冬，曹丕生于谯（秦置县，在今安徽亳县）。自幼聪明，博学多才，熟悉经史百家之书，8岁即能挥笔为文了。

东汉末年，爆发了轰轰烈烈的黄巾大起义。为了镇压起义军，朝廷下放兵权，命令州郡地方官招兵买马。黄巾起义被镇压之后，这些地方官拥兵自重，成了割据一方的军阀，开始争夺地盘，混战不已。后来，曹操统一了中国北方，被汉献帝封为魏王。曹操大权在握，说一不二，汉献帝只是一名傀儡。

如今，曹丕即位为王，离九五之尊的皇帝只有一步之遥了。他不甘心只是称王，决心迈出这最后一步。于是，他授意华歆等人去许昌逼汉献帝退位。

华歆一行来到许昌，进宫向汉献帝奏道："魏王自即位以来，德布四方，仁及万物，越古超今，可比唐尧虞舜。大汉气数已尽，希望陛下把社稷禅让给魏王，上合天意，下合民心，而陛下也可以去享清福了。"

汉献帝听了，气得浑身乱颤，不发一言。在场的人都惊呆了，殿上顿时鸦雀无声。

见汉献帝不发一言，华歆厉声道："自古以来，有兴必有亡，有盛必有衰，未有不亡之国。汉室相传四百多年，延至陛下，气数已尽，陛下怎能违抗天意呢？"话音刚落，殿外一百多士兵持戟而入。汉献帝见此情景，站起身拔腿就往后宫跑。

第二天，曹洪和曹休簇拥着曹丕直奔许昌而来，请汉献帝出殿。汉献帝无奈，只好更衣出殿，华歆上前说："陛下如依臣等，可免遭大祸。"汉献帝哭道："你们吃汉朝俸禄已有数代，怎么忍心做这种不忠之事呢？"华歆说："陛下若不听从众臣的意见，恐怕大祸就要临头了。"汉献帝听了，问道："何人敢杀朕？"

华歆厉声说："天下人都知道陛下没有做君王的福分，因此四方大乱。要不是魏王时刻保护着，杀陛下的何止一人？陛下如不知恩图报，是要等天下人共同讨伐你吗？"

曹洪见火候已到，便高声喊道："符宝郎在哪里？"掌管皇帝玉玺的祖弼站出来说："符宝郎在此！"曹洪问他："皇帝的玉玺呢？"祖弼回答说："玉玺是皇帝的宝贝，岂是你问的？"曹洪喝令："快将此人推出去斩首！"有人上前把祖弼推出去斩首，祖弼至死骂不绝口。

曹丕勃然大怒道："众将士，去宫中要玉玺，拿到者有赏！"众将士如狼似虎地奔进后宫，皇后见这般势头，知道自己一个弱女子拼不过这些人，便把玺绶抛到阶下。

汉献帝做了三十多年的挂名皇帝，被逼退位后，被贬为山阳公，十四年后病逝。

曹丕称帝，建立魏朝，史称曹魏。

当初，曹操统一北方后，曾雄心勃勃地挥师南下，要统一中国。由于孙权、刘备联兵抵抗，曹操在赤壁之战中大败而归。曹丕称帝后，调整了国策：既不攻蜀，也不攻吴，免得他们联合起来，令自己重蹈覆辙。

曹丕大权独揽，设立中书省，其官员改由士人充任。宦官不得干政，妇人不得预政，群臣不得奏事太后，后族不得辅政。提倡节俭薄葬，整顿吏治，恢复社会秩序，发展经济。

汉末，战乱频仍，饿殍遍地，白骨蔽野。在曹氏父子的苦心经营下，屯田垦荒，庄稼连年丰收。在曹魏统治下，百姓总算过上了温饱的生活。

265年，司马昭之子司马炎废了魏帝曹奂，自立为帝，国号晋，定都洛阳，史称西晋。曹魏历五帝，共四十六年。

（二）蜀汉

刘备是涿郡涿县（今河北涿县）人，本是汉朝中山靖王的后代，早年曾随大儒读过书。

刘备虽出身高贵，但到他这一辈已经没落了。父亲去世后，家境困窘，曾以贩履织席为业。

刘备胸怀大志，专好结交天下豪侠之士。汉灵帝末年，刘备曾随官军镇压黄巾起义，开始了戎马生涯。前后投靠过曹操和袁绍，深受器重。袁绍失败后，刘备到荆州投靠刘表，被安排在新野驻扎。汉献帝建安十二年（207年），刘备三顾茅庐请出诸葛亮担任军师，率军和东吴孙权联合，在赤壁大败曹操。

汉献帝建安十六年（211年），益州牧刘璋邀请刘备入蜀帮他攻打占据汉中的张鲁。汉献帝建安十九年（214年），刘备用诸葛亮之计，乘机占据益州（汉武帝十三刺史部之一，辖今四川〔除折多山以西〕、陕南、甘肃一小部、鄂西北隅、云贵大部。东汉治雒〔今四川广汉北〕，末年先移绵竹〔今德阳东北〕，后移成都）。汉献帝建安二十四年（219年），刘备进驻汉中(战国楚置郡，治南郑〔今陕西汉中东〕。魏晋南北朝隋唐以汉中地区为梁州，治所均在南郑)，自称汉中王。

曹丕称帝的消息传到益州后，众说纷纭，都以为汉献帝已死。刘备特地为汉献帝举行了丧礼，全军缟素，向北而哭。大臣们认为既然汉献帝已经死去，刘备是汉家皇室后代，理应接替帝位。于是，刘备于章武元年（221年）在成都即位，仍称汉朝，表示继承汉献帝，史称汉昭烈帝，称他建立的政权为蜀汉。

蜀汉政权控制下的益州地区分为三部分：一是益州本部，以川西平原为中心的巴蜀地区；二是作为益州北面门户的汉中盆地；三是益州西南部的南中地区。前

两个地区自战国以来已得到较好的开发，其经济发展水平不亚于中原地区，被誉为"天府之国"；南中地区物产丰富，尤以矿产出名。

刘备既定益州后，有人建议将成都城内的屋舍楼阁和城外的田园土地分赐有功将士，赵云反对说："益州人民，初罹兵革，田宅皆可归还，令安居复业，然后可役调，得其欢心。"刘备接受了这个意见，让百姓安居乐业，大力扶植和发展农业经济。

诸葛亮对冶铁、煮盐、纺织等重要手工业实行公营，并设立专职官员加强管理，使国家税收大大增加，出现了国富兵强的喜人景象。

蜀地的冶炼业极为发达，出了许多冶炼高手。名匠蒲元所制的钢刀削铁如泥，被称为"神刀"。钢刀制成后，为了检验钢刀的锋利程度，蒲元在大竹筒中装满铁珠，然后举刀猛劈，只见钢刀落处，竹筒

内的铁珠都一分为二了。

由于深得民心，蜀汉延续了四十多年。在这四十多年中，诸葛亮治国约二十年，是蜀汉政治的前期，也是最辉煌的时期。接着，蒋琬、费祎受诸葛亮重托，执政约二十年，继续诸葛亮的政策，保持了蜀汉政治前期的优点。在蜀汉政权的最后几年中，后主刘禅忘记了父亲和诸葛亮的嘱咐，吃喝玩乐，沉湎酒色，以致朝政混乱，迅速灭亡了。

炎兴元年（263年），魏灭蜀之战开始，刘禅投降，被封为安乐公。

蜀汉历二帝，共四十三年。

（三）东吴

黄巾起义时，吴郡富春（今浙江富阳）人孙坚随朱儁到中原镇压黄巾军，因功封为破虏将军。

孙坚是我国军事家孙武的后代，曾担

任过县丞，爱护百姓，尊重读书人，极有声望。

董卓入朝乱政后，孙坚参加讨伐董卓的关东联军，身先士卒，攻入洛阳，意外拾到了汉献帝丢失的传国玉玺。

孙坚是袁术的部下，也是袁术的爱将。在奉命进攻荆州刺史刘表时，被刘表部将黄祖射死。

孙坚死后，长子孙策统领其众。孙策自幼胸怀大志，不甘屈居人下。汉献帝兴平元年（194年），孙策向袁术献玉玺，借得三千兵马，脱离袁术向江东发展。在周瑜等人的帮助下，孙策占领了江东六郡。汉献帝建安五年（200年），孙策出游打猎，被仇家许贡的门客刺杀。

孙策死后，其弟孙权统领其众。

孙权方面大耳，双目炯炯有神。好读书，宽宏大量，深受属下的拥戴。

孙权虚怀若谷，勇于纳谏，常说："天下没有纯白的狐狸，却有纯白的狐裘，这是集众狐而成的。合众人之力，无敌于天下；合众人之智，无畏于圣人。"

汉献帝建安十三年（208年），孙权筹划赤壁之战，与刘备联手打败曹操，势力达到荆州。

汉献帝建安二十四年（219年），孙权击败刘备爱将关羽，占据荆州全境。接着，又于夷陵之战中打败刘备，限制了蜀汉东出三峡发展的可能。

魏明帝太和三年（229年），孙权称帝，迁都建业（今南京），国号吴，占据扬（汉武帝所置十三部刺史之一。包括今江苏的江南、安徽的淮河以南及浙、闽、赣三省。三国魏、吴各有扬州，魏扬州治寿春，吴扬州治建业）、荆（汉武帝十三刺史部之一，辖今两湖全部及豫、黔、两广各一部）。东汉治汉寿（今湖南常德东北），汉末刘表移治襄阳。三国吴魏各据一部，吴荆州治江陵，魏治襄阳。汉武帝所置十三刺史部，有交趾刺史部，管辖地

区包括今两广大部和越南的北部。东汉改为交州，三国吴分交州置广州，交州所辖之地为越南北部及两广之雷州半岛、钦州地区等。

孙权称帝后，派使者通知蜀汉。蜀汉大臣认为孙权称帝是无视蜀汉的正统地位，不能予以承认，应与之断绝外交关系。诸葛亮从大局出发，说："吴蜀联盟，对伐魏有利。"于是，特地派使者前去祝贺。

孙权称帝后，面临的困难有二：一是东南山区的山越人据险割据，甚至北联曹魏，阻止孙权势力向南方扩张。孙权与山越进行多次苦战，最后山越人出山投降。其中四万丁壮补作兵源，余下的成为编户，投入农业生产。山越人与汉人渐渐融合，东吴的实力大大增强。二是赤壁之战后，曹军屡攻合肥地区。为此，吴军除沿江驻军外，还在巢湖南口筑濡须坞，严密防守。曹魏水师有限，进攻难以奏效，

东吴取得了相对的安定。

孙权解决了这两大困难后，便专心发展农业生产，兴修水利。

江南农耕技术十分落后，不会用牛代耕。中原地区连年征战，北方人民纷纷携家渡江避难，给江南带来了先进的生产技术。江南农业生产技术逐渐提高，粮食大大增产了。

东吴位于江南，水路发达，造船技术极高。所造战船最大的上下五层，能容纳士兵三千人。海船经常北航辽东，南通南海诸国。孙权黄龙二年（230年），东吴的万人船队浩浩荡荡到达台湾，这是与台湾联系的最早记录。

晋武帝咸宁五年（279年）冬，西晋灭吴之战开始。次年三月，晋军攻下建业，吴帝孙皓出降，东吴灭亡。

东吴历四帝，共六十九年。

二、两晋

晋朝分为西晋（265—316年）与东晋（317—420年）两个时期。泰始元年（265年），司马炎取代曹魏，自立为皇帝，国号晋，定都洛阳，史称西晋，共传四帝五十二年。建武元年（317年），司马睿在建业重建晋朝，史称东晋，共传十一帝一百零四年。东西两晋总计一百五十六年。

(一) 西晋

司马懿

曹丕只做了六年皇帝，因患伤寒病逝，史称魏文帝。

曹丕死后，儿子曹叡即位，史称魏明帝。魏明帝十分荒淫，抢占民间美女，搜罗奇珍异宝，大兴土木，营造宫室苑囿，弄得国库空虚，百姓怨声载道。曹魏开始衰落了。

司马懿才智过人，能文能武，深得曹丕信任，被任命为尚书、太尉，掌管了魏国的军政大权。

魏明帝景初三年（239年），魏明帝在临死前，将魏国托付给司马懿和曹爽二人，让他们共同辅佐年仅8岁的儿子齐王曹芳做皇帝。

大将军曹爽是皇帝的本家，也是曹魏政权里最有权威的人物，他特别妒忌司马懿，认为司马懿对他们曹家的天下是个威胁。

司马懿为了自保，在暗中加紧了夺权的步伐。齐王曹芳正始十年（249年）正月，曹爽陪同皇帝到皇陵去祭祀先帝，大小官员奉命跟随。

司马懿见有机可乘，以迅雷不及掩耳之势发动政变，将曹爽灭族，他的党羽也全遭杀害。此后，曹氏政权逐渐转变成司马氏政权了。

司马懿在政变两年后就死了，他的儿子司马师、司马昭相继执政。

曹芳左右的人见司马氏专权，心中愤愤不平，劝曹芳趁司马昭入见时杀掉他，再用他的兵攻杀司马师。曹芳同意了，并写好了诏书，但又不敢发出。他正在犹豫时，走漏了消息。于是，司马师发动了第二次政变，说曹芳荒淫无度，没资格当皇帝，让他回到封国去当他的齐王去了。

曹芳走后，司马师改立东海王曹霖之子高贵乡公曹髦为帝。

司马师死后，司马昭做了丞相，更加专横跋扈，一方面拉拢大批士族作党羽，一方面残杀曹氏一派的大臣。当时，人们都知道司马昭有篡位之心，因此流传着"司马昭之心，路人皆知"的说法。

由于司马昭大肆屠杀曹氏一派的人，朝中大臣几乎全是他的心腹了。司马昭权重势大，根本不把魏帝放在眼里。

曹髦和侍中王沈、尚书王经、散骑常侍王业三人商议对策。曹髦气愤地说："司马昭之心，路人皆知。我与其坐着等死，还不如早下手跟他拼一场！"王经劝曹髦说："干这样的大事要十分慎重，如果走漏了消息，性命就难保了！"曹髦从胸前取出写在黄绸子上的诏书说："是可忍，孰不可忍？我主意已定，死而无恨！"王沈、王业十分害怕，退下后，马上跑去报告司马昭。

曹髦带着宫中卫兵数百人冲出皇宫，要去进攻司马昭。王经跪在地上哭谏，曹髦不听。

这时，司马昭已经命令他的心腹贾充率三千铁甲军赶来。在混战中，贾充让司马昭的死党成济挥戈刺死曹髦。

曹髦死后，司马昭怕人咒骂，把弑君的责任全推在成济身上，灭了他的三族。

接着，司马昭立曹操的孙子曹奂为帝，史称元帝，改年号为景元。

司马昭的政治手腕比他父亲司马懿更厉害，他知道要想把皇帝赶下台，必须先把蜀国和吴国灭掉。这样，既能提高自己的威望，又可以免得蜀、吴两国从外面乘机捣乱。

景元四年（263年），蜀国后主刘禅出降，蜀国灭亡。司马昭正在积极筹备称帝时，忽然中风而死。

过了两年，魏元帝咸熙二年（265年），司马昭的儿子司马炎逼迫元帝禅位，自己做了皇帝，建立了晋朝。

司马炎建立晋朝后，执行和平国策，推行仁政，让百姓休养生息，扩大生产。他下诏在全国释放奴婢，并组织起来代替士兵屯田，增强了国力。

司马炎在曹魏奢靡腐败风气的基础上反对贪腐，提倡廉洁。他在位二十六年，没有再修建宫殿，多次下诏严格禁止奢靡。有一天，他到大臣王济家参加宴会，看到饭菜精美，器具华丽，感到很不适应，没等宴会结束就离开了。他不喜欢华衣锦食的生活，以浪费挥霍为耻。

统一江南后，司马炎提出对江东百姓免除二十年的赋役，江东百姓欢呼雀跃。后来，西晋灭亡，东晋能在江南站住脚，与江东百姓感激司马炎有重要关系。

司马炎执行占田制，允许百姓占田百亩。由于没有土地兼并，国内太平，出现了盛世景象，有"天下无穷人"的民谚。因此，百姓把司马炎和前汉仁君汉文帝相比,受到上下一致的爱戴。

西晋历四帝,共五十二年。

(二) 东晋

西晋末年,匈奴贵族刘渊建立的汉国崛起于北方。刘渊死后,他的儿子刘聪先后攻破洛阳、长安,俘虏了晋怀帝、晋愍帝,灭了西晋。

第二年,即晋元帝建武元年(317年),晋朝皇族司马睿依靠士族领袖王导的支持,在建康做了皇帝,重新建立了晋朝。历史上把这重建的晋朝称为东晋,司马睿史称晋元帝。

司马睿是司马懿曾孙琅琊王司马觐的儿子,人极聪明。他额骨隆起,目光如电,人们都说他有帝王之相。

当初,司马睿曾与东海王司马越的参军王导结为至交。王导是世家子弟,极有政治远见。他见晋室诸王同室操戈,天下大乱，便劝当时在洛阳担任左将军的司马睿回封国去坐观天下之变，以图大业。

不久，匈奴内侵，北方局势恶化，王导又劝司马睿向朝廷申请移镇江南。

晋怀帝永嘉元年（307年），朝廷调司马睿为安东将军，移镇建业。

西晋灭亡后，司马睿在南方正式称帝。司马睿称帝后，将建业改为建康，因"业"与晋愍帝司马邺的"邺"字同音。

王导做了宰相，执掌朝政。

司马睿十分感激王导，登帝位受百官朝贺时，三四次请王导同坐御床受贺，王导推辞说："太阳高悬，才能光照天下。如果下同万物，百姓如何仰望?"司马睿听了，只得作罢。

王导在政治上的主要措施是收揽一批北方来的士族作骨干，联络南方士族作辅助，自己作为南北士族的首领，在自己的上面安置一个姓司马的皇帝。事实证

明，他成功了。

东晋时期，推行劝课农桑的政策。江南农业的开发从江东扩展到整个长江流域，进而波及岭南和闽江流域。江南土地大量开垦，耕作技术进步，农田水利兴修较多，北方粟麦等作物南移，农作物品种增多，产量也提高了。这为我国经济重心南移打下了基础。

北方大族及大量汉族人口迁徙江南，使得江南的名士与渡江的中原人士有了更多的交流机会，从而促进了社会文化的发展。北方的手工业技术与南方的技术相结合，使东晋的手工业水平比西晋有了大幅度的提高。

东晋时期，南方纺织业比较发达，养蚕技术也提高了。豫章等地一年蚕可四五熟，永嘉等地一年可达八熟。

晋恭帝元熙二年（420年），刘裕废掉晋恭帝，自己做了皇帝，东晋灭亡了。

东晋历十一帝，共一百零四年。

三、十六国

西晋灭亡后，北方黄河流域成为各少数民族的逐鹿之地。直至东晋灭亡，中原从未被东晋所收复，国家一直未能统一。这一历史时期，北方出现了二十多个小国，大多是少数民族建立的。其中主要的有十六国，史称"五胡十六国"。

（一）成汉

西晋的腐朽统治和混战给百姓造成无穷无尽的灾难，再加上连年天灾，许多农民被迫离开故乡，成群结队地逃荒。这种逃荒的农民被称为"流民"。

晋惠帝元康八年（298年），关中地区闹了一场大饥荒，略阳（治所在今甘肃天水东北）、天水等六郡十几万流民逃荒到蜀地，氐族人李特和他兄弟李庠、李流也跟着流民一起逃荒。一路上，流民中有挨饿的、生病的，李特兄弟常常接济他们，流民都很感激。

蜀地离中原地区较远，百姓生活比较安定。流民进入蜀地后，分散在各地给富户打工。

益州刺史罗尚不同情这些流民，要把他们赶回关中去。他还在流民必经之路上设立关卡，准备抢夺流民的财物。

流民听说官府要他们离开蜀地，都

发起愁来。因为家乡正在闹饥荒，回去也无法过活。

流民向李特诉苦，李特挺身而出，多次向官府请求放宽遣返流民的期限。流民听说后，纷纷前来投奔李特。

李特在绵竹设了一个大营收容流民，流民越聚越多，不到一个月就聚集了两万多人。他的弟弟李流也设营收容了几千流民。

李特收容流民之后，派使者阎彧去见罗尚，再次请求缓期遣返流民。

阎彧来到刺史府，看到罗尚正在指挥士兵修筑营寨，调动人马，知道他不怀好意。阎彧对罗尚说："我已经准许流民缓期遣返了，你回去告诉他们，让他们放心吧！"

阎彧说："罗公听了谗言，看样子不会饶过他们。不过，请千万不要小看百姓。百姓看起来软弱，但若逼得他们无路可走，只怕对你没有好处。"

罗尚假惺惺地说:"我不骗你,你尽管对百姓去说吧!"

阎彧回到绵竹,把罗尚那里的情况告诉李特,并对李特说:"我们不能轻信罗尚,要防备他率兵前来偷袭。"

李特听了,立刻把流民组织起来,准备好武器,布置好阵势,准备抵抗官军偷袭。

夜里,罗尚果然派部将带三万人前来偷袭绵竹大营。

三万官军刚进营地,四面就响起了震耳欲聋的锣鼓声,预先埋伏好的流民手持大刀长矛一起杀了出来。官军没料到流民早有准备,被流民杀得丢盔弃甲,四散逃窜。

流民杀散官军,知道官府决不会善罢甘休,就推李特为镇北大将军,李流为镇东将军,把大家组织起来,宣布起义。

几天后,义军攻下了附近的广汉,赶

走了那里的太守。

李特进了广汉，学汉高祖刘邦的样子约法三章，打开官府的粮仓，救济当地的贫苦百姓。

义军在李特领导下，军纪严明。蜀地百姓受尽官府的压迫，如今李特来了，大家生活都安定下来。

罗尚十分狡猾，表面上派使者向李特求和，暗地里却勾结地主豪强围攻李特。

李特率众奋勇抵抗，不幸牺牲。

李特之子李雄继续率领流民战斗，攻下成都，于永安元年（304年）自立为成都王。过了两年，又自称皇帝，国号大成。后来，到李雄侄儿李寿在位时，改国号为汉，因此历史上又称李氏政权为"成汉"。

大成建国后，相继攻占了汉中及南中地区，疆域几乎与刘备建立的蜀汉相同。

李雄实行与民休养生息的政策，规定男丁每年交三斛谷，女丁减半，有病也减半；户调每年几匹绢，几两绵。不久，大成国内便富了起来，成为中国大西南一个安定的地区。

成汉历五主，共四十四年。

（二）汉和后赵

李雄在成都称王的同一年（304年），北方的匈奴贵族刘渊也反晋独立，自称汉王。

刘渊身高八尺，双手过膝，自幼喜欢读书，拜上党崔游为师，学习《毛诗》《京氏易》《春秋左传》《孙吴兵法》《史记》和《汉书》。他胸怀大志，要做一番事业，是个通晓汉族文化的、能文能武的匈奴贵族。

刘渊的父亲刘豹是匈奴左部帅，十分疼爱刘渊。

晋武帝见刘渊状貌雄伟,感到惊讶,认为他不是一般人。有人向晋武帝推荐说:"让刘渊统兵伐吴,东吴可灭。"晋武帝说:"此事可以考虑。"但朝中大臣认为刘渊是匈奴人,非我族类,不可重用,晋武帝只得作罢。刘渊听说后,大哭一场,精神上受到了很大的打击。

八王之乱时,刘渊想帮助晋朝平乱,发兵攻打鲜卑和乌桓。他的叔祖刘宣说:"我们祖先单于和刘邦结为兄弟,同甘共苦,同心同德。自从汉朝灭亡之后,我们单于徒有虚名,连个地盘都没有了。晋朝君臣不是东西,像对待奴婢一样对待我们。这口气怎能咽下去呢?鲜卑和乌桓与我们生活习性相同,可以结为外援,怎能伤害他们呢?"刘渊听了这话,如梦方醒,激动地说:"我现在有十万人马,个个以一当十,消灭晋朝如同秋风扫落叶一样。但要夺取天下,必须赢得人心。我们单于娶汉朝公主为阏氏,我们都是汉朝皇帝的外甥，本是一家。我们打出大汉的旗号，就名正言顺了。"

晋怀帝永嘉二年（308年），刘渊在平阳（在今山西临汾西南）称帝，自称是汉朝皇帝的外孙，把他建立的国家定名为汉国，表示继承汉朝的正统。

刘渊严肃法纪，整顿吏治，惩治奸佞，轻财好施，以诚待人，吸引了一大批有识之士。

刘渊建立汉国后，发兵攻打晋朝都城洛阳。

永嘉五年（311年）六月，洛阳终于被攻陷了。这时，刘渊已死，刘聪夺得了帝位。

刘聪洗劫洛阳后，听说晋朝皇室有大批人逃往长安，便命令堂兄弟刘曜领兵打进了长安。

由于关中连年灾荒，缺乏粮食，在那里无法立足，刘曜便掠走八万多汉人，撤出了长安。

晋朝宗室和大臣听说匈奴军队走远了，又都回到长安，拥立秦王司马邺做皇帝，史称晋愍帝。司马邺是司马炎的孙子，刚刚14岁。这一年是晋怀帝永嘉七年（313年）。

晋愍帝建兴四年（316年），刘曜又一次攻陷长安。西晋残留下来的一些文武官员全部被俘，晋愍帝司马邺坐着羊车，光着膀子，口里衔着传国玉玺向刘曜投降，西晋王朝灭亡了。

晋愍帝被解到平阳，刘聪封他为怀安侯。这年十二月，刘聪大宴群臣，使晋愍帝行酒，清洗酒杯。过了片刻，刘聪起身离座，又令晋愍帝手执伞盖跟在后面。在座的晋朝旧臣见皇帝受辱，不禁哭出声来。尚书郎辛宾甚至抢步上前，抱住晋愍帝大哭。刘聪大怒，命人将辛宾拖出去斩首，晋愍帝也于几天后被杀，年仅18岁。

刘聪死后，其子刘粲即位，当年即被

叛臣所杀。堂叔刘曜讨伐叛臣，被众人立为皇帝。

刘曜即位后，迁都长安，改国号为赵，史称前赵。

刘曜杀了大将石勒的左长史王脩，石勒大怒，率军独立。刘石双方连年征战，互有胜负。最后，刘曜战败被俘，不久被杀。

汉和后赵历五帝，共二十六年。

（三）后赵

石勒是羯族人，其祖先世代担任羯族部落的小头目。石勒年轻时，并州闹饥荒，他和部落失散后，曾给人家做过奴隶。

石勒受尽苦难，没有出路，就招集一群流亡的农民组成了一支强悍的队伍。刘渊起兵后，石勒投奔汉国，在刘渊手下当了一员大将。

羯族人的文化比匈奴人要低，石勒没有像刘渊那样从小受过文化教育，不识字。他担任大将以后，渐渐懂得要成就大业，光靠武力不行，于是就重用汉族士人张宾，采取了许多政治措施。他还收留一批北方读过书的贫苦汉人，组成一个"君子营"。

由于石勒骁勇善战，再加上张宾一批谋士帮他出谋划策，他的势力日益强大。

后赵石勒太和元年（328年），石勒终于消灭了刘曜。过了两年，石勒在襄国（在今河北邢台西南）自称皇帝，国号仍为赵。史称刘氏的赵国为"前赵"，石勒建立的赵国为"后赵"。

石勒自己没有文化，却十分重视读书人。他称帝后，命令部下凡捉到读书人时不许杀死，一律送到襄国由他处理。

石勒听从张宾的建议，设立学校，让将领的子弟进学校读书。他还建立了保举和考试制度，凡各地保举上来的人，经评

定合格后便可以做官。石勒还命令部下和州郡官吏每年向他推荐有文才、会武艺的人做官。

石勒喜欢读书，但不识字，就找读书人把书讲给他听，一边听，一边还发表自己的见解。

有一天，他让人给他讲《汉书》，当听到有人劝汉高祖封六国贵族的后代时，忙说："刘邦这样做，怎能得天下呢？"讲书的人立即解释说由于张良的劝阻，汉高祖并没有这样做。石勒点头说："这才对啊！"

有一天，廷尉续咸听说石勒要在邺城大兴土木建筑宫殿，就连忙上书说明这样做的危害，要求不要动工兴建。石勒听了，火冒三丈，大发脾气说："不杀死这个老贼，我的宫殿是建不成的。"他马上下令，把续咸抓起来，中书令徐光劝阻说："陛下是一个聪明人，平日常说要效法尧舜，如果不接受忠臣的意见，岂不成了桀纣一样的暴君了？续咸的话能听则听，不能听就算了，怎么能因为人家说了几句话就把人杀了呢！"石勒听了这番话，叹了口气说："做君王的也不能独断专行啊！"他看了大家一眼，微笑着说：

"我难道不知道续咸的话是忠言？说要杀他，只是跟他开个玩笑，吓唬吓唬他罢了！说实在的，稍有点闲钱的人都要买房子，娶小妾，何况我这个得了天下的人，把宫殿修理一番又有什么不可以的呢？现在听了续咸的话，明白了更多的道理。我接受他的意见，不动工了。"说完，石勒奖给续咸一百匹绢、五十担稻谷。这样，大小官员都敢于直言进谏了。

由于石勒重用人才，在政治上努力进取，后赵初期出现了兴旺的气象。

石勒虽然贤明，但他的子孙却多是杀人魔王。他们经常屠城，还把掠来的美女盛妆之后砍下头，放在盘子上，在酒宴上传观取乐。

后赵历七帝，共三十二年。

（四）前凉

前凉是西晋灭亡之后由张轨及其子孙继续保持的汉族政权。

张轨自幼读书，很有学问，受到西晋中书令张华的器重。

晋惠帝永宁元年（301年），张轨被任命为护羌校尉、凉州刺史，镇守河西，首府设在姑臧（今甘肃武威）。

张轨上任后，立即在辖境内采用剿抚结合、恩威并施的策略，对归顺的鲜卑人给予妥善的安置，对于骚扰地方的一部分鲜卑贵族大力讨伐，很快就使河西地区成为五胡十六国分裂动乱年代中北方唯一安定的地方。

张轨先后被晋廷任命为镇西将军，并加封为安乐乡侯，成为河西和西北广大地区的实际统治者。

张轨在河西地区推行实际上的自治，长达13年，为国家统一作出了积极的贡献，给西北地区创造了和平的环境。

张轨千方百计处理好少数民族问题，注重争取上层，教育多数，加强管理，从而化解了矛盾，团结了境内的少数民族。

张轨选贤任能，重用地方士族中的代表人物，为己所用，如敦煌地方实力人物宋配、阴充、阴澹、记瑗等人，都被吸引为他的谋主，并通过他们把自己的政治基础扎根于河西的土壤之中。

张轨大力推行儒学教育，在官府增设主管教育的官员，大建学校，广招土宦士族子弟入学，接受系统的教育，以达到民族融合和同化。

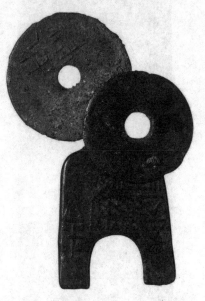

张轨努力发展区域经济，除了注重加强境内的经济建设，还十分注意与中土和西域的商贸往来，为此，他颁行钱币法规，铸造五铢钱币，对东西方的商品交换

起到了积极作用。

张轨在河西地区大兴水利，推广中原的先进生产工具和生产技术，使得粮食问题得到基本解决。

在张轨的惨淡经营下，河西成为中原百姓和士人向往的乐土。河西地区不仅成为中原人民的避难之所，也吸引了大批知识分子和各类人才。

晋愍帝建兴二年（314年），张轨病故。临终前，他告诫子女要素棺薄葬，不许用金玉陪葬。

张轨死后，全州各界人民一致拥护他的儿子张寔继承父职，宣布建立凉国，史称前凉。

在张轨的教导和影响下，其后人大多能做到爱才敬贤，勤政为民，不追求奢靡，不好大喜功，内施仁政，外求和平，兢兢业业守着他创下的基业。

张轨的儿子张寔即位后，励精图治。一天，他下诏说进言者重赏，有人进言说：

"自从你即位以来，什么事都是你一个人说了算，大臣们只是点头而已。你不要以为你是天下最聪明的人，其实好多事你还不如大臣。如果你能虚心纳谏，即使不用重赏，有利于国家的建议也会源源不断地送到你的耳中。"这种难以接受的话，并未让张寔发火，反倒高高兴兴地接受了。

张氏子孙世代据守凉州，人民生活比较安定，汉人士族在那里传授儒学，保存了中原失传的一些经籍和学说。

陈寅恪说："秦凉诸州西北一隅之地，其文化上续汉魏、西晋之学风，下开魏齐、隋唐之制度，承前启后，继绝扶衰，五百年间延绵一脉。"可见前凉在中华民族文化中的重要地位。

东晋孝武帝太元元年（376年），苻坚派十三万大军进攻前凉，前凉灭亡了。

前凉历八主，共六十三年；一说历九主（包括张轨），共七十六年。

（五）前燕

前燕是十六国时期由鲜卑族首领慕容皝所建立的政权，为区别同时期的慕容氏诸燕，历史学家把它称为前燕，统治地区包括今河北、山东、山西、河南、安徽、江苏、辽宁各地一部分。

魏晋之际，鲜卑慕容氏自辽西迁至辽东。

晋惠帝元康四年（294年），鲜卑酋长慕容廆徙居大棘城（今辽宁义县西北），开始了定居的农业生活。晋怀帝永嘉元年（307年）前后，慕容廆自称鲜卑大单于。

西晋灭亡后，慕容廆在汉族士人的辅佐下，据有辽河流域，接受东晋官爵。许多山东、河北一带的汉族世家大族纷纷投靠慕容氏，慕容氏自慕容廆起即与汉族士大夫合作，共同统治境内百姓，兴立学校，培养统治人才。

慕容廆之子慕容皝即位后，于咸康三

年（337年）称燕王，建燕国，继续尊奉东晋，并用兵扩展领地。

慕容皝注重农桑，兴修水利，国势日盛。

东晋成帝咸康八年（342年），慕容皝迁都龙城（今辽宁朝阳），成为东北地区最强大的国家。

慕容皝招徕中原地区的汉族流民，组织屯田垦荒。地租比率，用官牛者，民得收获物十分之四；用私牛者，官民对分。前燕社会安定，中原地区的许多劳动人民都逃到这里，并带来了生产技术，促进了前燕社会经济的发展。

慕容皝十三年（348年），其子慕容儁进攻后赵，夺得幽州，迁都于蓟（今北京西南）。前燕占领后赵幽州后，继续南进，击败冉魏，占有河北。随后，慕容儁抛弃东晋旗号，自称燕皇帝，迁都邺城（在今河北临漳西南邺镇东）。

迁都后，统治集团内部生活日益腐

化，政治也渐趋黑暗。慕容儁后宫有四千余女人，童仆四万余人，穷奢极欲，日费万金。太傅慕容评极力搜刮百姓，强占田地，还封山封泽，平民乃至军队砍柴打水都要纳钱，搜刮的钱绢堆聚如山。此外，贵族官僚们还大量地占有庇荫户，总数超过国家控制的户口，致使国家的税收和徭役调发都很困难。

前燕光寿四年（360年），慕容儁病死，11岁的太子慕容暐即位，由慕容皝第四子慕容恪辅政。慕容恪德才兼备，前后辅政七年，前燕王朝政治稳定。慕容恪还率兵攻占东晋的河南、淮北不少土地。

前燕建熙七年（366年），慕容恪病死，前燕王朝开始走向衰落。

东晋废帝太和四年（369年），东晋大将桓温北伐，燕军战败。慕容暐之叔吴王慕容垂在前秦军队的帮助下大败晋军，桓温退走。

慕容垂在击败桓温的战役中立下大

功，却被掌握朝中大权的慕容评所猜忌。慕容垂被逼无奈，出走前秦，被苻坚收留。

苻坚早就想消灭前燕，因怕慕容垂，一直不敢出兵。慕容垂来投后，他便以慕容垂为先锋，率步骑三万人进攻前燕，攻占洛阳。

前燕建熙十一年（370年）十一月，慕容晔逃出邺城，试图返回辽东的根据地龙城，中途被前秦军抓获，前燕灭亡。

前燕历三帝，共三十四年。

（六）前秦

前秦是氐族苻健所建的政权。

苻氏的祖先初居甘肃武都（治所在今甘肃西和东南），因他家中水池里生有五丈长的蒲草，人称"蒲家"，便以蒲为姓了。

曹魏时，由武都迁于略阳郡临渭县

（今甘肃省秦安县东南），世为部落小帅。

晋怀帝永嘉四年（310年），蒲洪被宗人推为盟主，自称护氐校尉、秦州刺史、略阳公。

刘曜在长安称帝后，封蒲洪为宁西将军、率义侯，曾徙居于高陆（今陕西省高陵县西南），进位氐王。前赵灭亡后，蒲洪退居陇山。

东晋成帝咸和八年（333年），蒲洪归降后赵石虎，劝石虎徙雍州豪杰及氐、羌十多万户于关东，充实京师，被石虎采纳，拜为龙骧将军、流民都督，率户两万定居枋头（今河南省浚县西南）。

东晋穆帝永和六年（350年）春，蒲洪遣使臣至江左称臣，东晋以蒲洪为征北将军、都督河北诸军事、冀州刺史、广川郡公。时逢冉魏国主冉闵大杀胡羯，关陇流民相率西归，路经枋头时大多归附了蒲洪，蒲洪拥众至十余万人，于是便自

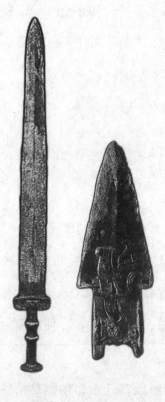

称大将军、大单于、三秦王，从此改姓苻氏。

不久，蒲洪被石虎旧将麻秋毒死，其子苻健继统其众，在从枋头向关中进军的过程中，利用民心思晋，打起了晋征西大将军、都督关中诸军事、雍州（东汉末始置，曹魏时辖今陕西中部、甘肃东南部及宁夏、青海各一部，唐时仅有关中的一部）刺史的旗号。直至称帝后，才正式和东晋断绝关系。

苻健进入长安，据有关陇，于晋穆帝永和七年（351年）春即天王、大单于位，国号大秦，改元皇始。

第二年，苻健自称皇帝。

苻健于丰阳县（今陕西省山阳县东南）设立荆州，吸引南货，通关市，来远商，因而国用充足，刺激了经济的发展；又于长安平朔门内设立宾馆，招徕四方豪杰为大秦服务；又与百姓约法三章，薄赋敛，卑宫室，留心政事，优礼耆老，崇尚

儒学。

通过苻健的努力，关西家给人足，较西晋末年大有起色。

前秦皇始五年（355年），苻健去世，其子苻生即位。前秦永兴元年（357年），苻健弟弟苻雄的儿子苻坚杀了苻生，自立为大秦天王，改元永兴。

苻坚即位后，重用谋士王猛，课农桑，立学校，力行改革。几年后，秦国大治，在十六国纷扰时代呈现出一派小康气象。

十多年后，前秦国力越来越强，先后灭掉了前燕、代国和前凉三国，统一了黄河流域。

这时，苻坚自恃国力强盛，不断对东晋发动进攻，战事主要在东线徐州一带和西线襄阳一带进行。

前秦建元十五年（379年），前秦军队攻占东晋战略重镇襄阳后，苻坚野心膨胀，决定攻灭东晋。

前秦建元十九年（383年），在淝水之战中，前秦大败，苻坚逃回长安。

这时，北方各族首领见苻坚大败，纷纷乘机反秦自立。前燕王族慕容泓起兵反秦后，苻坚派遣儿子苻睿前去征讨，任命羌族首领姚苌为苻睿的行军司马。结果，苻睿兵败，被慕容泓所杀。姚苌见苻坚之子被杀，心中十分恐惧，急忙派遣龙骧长史赵都向苻坚谢罪，苻坚盛怒之下竟然斩了赵都。姚苌闻讯后更加恐惧，不敢再见苻坚，便率本部羌兵奔往渭北，联合五万余家羌人起兵反秦。这时，慕容泓之弟慕容冲也起兵反秦，向长安进军。苻坚无力抵抗，不得不放弃长安，逃入五将山，姚苌派遣骁骑将军吴忠将苻坚生擒。

姚苌向苻坚索要传国玺，遭到严拒。姚苌又劝苻坚禅位，被苻坚痛骂一顿。前秦建元二十一年（385年），姚苌将苻坚缢死于新平（陕西彬县）佛寺。

前秦历七帝，共四十五年。

（七）后燕

后燕是鲜卑慕容垂建立的政权，建都中山(今河北定县)，盛时有今河北、山东及辽宁、山西、河南大部，是十六国后期中原地区最强盛的王国。

慕容垂又名慕容霸，是燕太祖慕容皝的第五个儿子。慕容垂自幼聪明，深受慕容皝的宠爱，在兄弟之间和德才兼备的慕容恪关系非常好。

不过，后来即位的燕王——老二慕容儁非常讨厌他。见父亲喜欢老五超过自己，慕容儁心中总是愤愤不平。

慕容儁死后，由于太子慕容暐还小，国家大权掌握在慕容恪手上，慕容垂备受重用。慕容恪死后，慕容暐亲政，慕容垂开始倒霉了。

太傅慕容评对幕容垂屡建大功十分

嫉妒，在慕容暐面前极力谗毁慕容垂，要杀掉慕容垂。慕容恪的儿子和慕容垂的舅舅听到消息后，立即告诉慕容垂，劝慕容垂先下手为强。慕容垂为难地说："骨肉之间互相残杀会给国家带来灾难。我拼老命打败晋军，本想保住国家，没想到却没了我的容身之地，我只有到外面躲一躲了。"慕容垂出京后，又遭追杀，进退两难，只好投奔苻坚。苻坚早就听说慕容垂的大名，听说他来了，如获至宝，亲自到郊外迎接。

前秦建元六年（370年），前燕被前秦消灭，慕容暐和前燕的文武大臣被苻坚生擒，慕容垂心中不禁产生了伤感之情，当着众人的面留下了泪水。

在淝水之战中，慕容垂指挥三万人进攻荆州，将十万晋军打得惨败。

淝水之战后，慕容垂被苻坚派往邺城，支援镇邺的苻坚庶长子苻丕。这时，丁零族翟斌在河北起兵，苻丕便派慕容

垂前去镇压。慕容垂乘机脱离前秦的控制，于前秦建元二十年（384年）自称大将军、大都督、燕王，进兵围邺。

这时，在淝水之战中获胜的东晋北伐军已进入河南和山东，被围的苻丕忙向晋军求救。晋龙骧将军刘牢之率军出援，被慕容垂打败，苻丕只得从邺城撤往山西晋阳（山西太原）。

慕容垂占领整个河北地区后，于386年自称皇帝，定都中山（今河北定县)，史称后燕。原来，慕容垂率军进驻邺城后，发现当初的都城已经残破不堪，无奈之下才迁都中山。

七年后，慕容垂率军消灭西燕，统一了中原地区。

当时的后燕是北方地区实力最强的王朝，就连当时的北魏也特别害怕慕容垂。为此，北魏王拓跋珪派他的弟弟前往中山向慕容垂请安。不料，慕容垂的儿子慕容宝却把人给扣了下来，使本是后燕

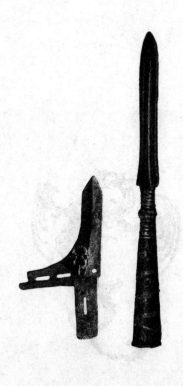

藩属的北魏与后燕关系迅速恶化了。

慕容宝决定亲征北魏，结果九万燕军反被北魏打得大败，六万人被活埋。

遭此惨败，慕容垂急得几乎吐血。这时，他已经快70岁了，但为了儿子，他还是决定率军亲征。北魏得知慕容垂亲征，便连忙撤军。慕容垂率军收复失地后，不久就病死在途中了。

接着，慕容宝和兄弟发生内乱，让北魏占了便宜。在不到三年的时间内，后燕的大部分疆土被北魏吞并，后燕灭亡了。

后燕历七主，共二十六年。

（八）西燕

前秦建元六年（370年），前燕灭亡后，王族子弟慕容冲及其兄慕容泓被苻坚迁往关中。慕容冲时年12岁，长得唇红齿白，美如少女，成了苻坚的娈童；其姊清河公主14岁，也被苻坚所宠幸。不久，长安城里唱起了一首歌谣："一雌复一雄，双飞入紫宫。"

后经王猛力谏，慕容冲才被送出宫，长大后被苻坚任命为平阳太守。

前秦建元十九年（383年），前秦于淝水之战大败。苻坚虽然逃回长安，但对境内各族的控制力大大减弱了。建元二十年（384年），慕容冲的叔叔慕容垂在河北起兵反秦，时任北地长史的慕容泓闻讯后立即前往关东召集鲜卑部众，自称都督陕西诸军事、大将军、雍州牧、济北王，史称西燕。

慕容泓本想率军东归前燕故地，投奔慕容垂，但在屡次击败前秦大军后，转而西进长安，并改元燕兴。

这时，担任平阳太守的慕容冲也在河东起兵，与慕容泓一同进军长安。

不久，谋臣高盖等人认为慕容泓德望不如慕容冲，而且用法严苛，便杀了慕容泓，改立慕容冲。更始元年（385年），慕

容冲即皇帝位于阿房宫，改元更始。

西燕大军围攻长安，长安城中衣食困难至极。这年正月，苻坚宴请群臣时，许多参加宴会的大臣竟把肉含得满口，回到家里吐出来给家属吃。民间发生了人吃人的惨剧，死人无数。

西燕、前秦激战多次，互有胜败。苻坚曾在长安城西大破西燕军，追到阿房宫城，因怕中计，不敢杀进城去，收兵而归。

慕容冲率军继续进攻长安，苻坚亲自督战，身上中了好几箭，血流满身。

五月，苻坚的骁将杨定在城西阵亡，苻坚十分恐惧，便留太子苻宏守城，自己带几百名骑兵与张夫人出奔五将山（在今岐山县东北）。六月，苻宏守不住长安，弃城出逃。他在走投无路的情况下，最后从武都南走，投降了东晋。

西燕大军进入长安后，慕容冲放纵士兵烧杀掳掠，长安城中又死了一大批

人。

更始二年（386年）正月，慕容垂即皇帝位。鲜卑人都想东归，慕容冲怕慕容垂，不敢东归；又贪图长安豪华宝贵的生活，只想久居长安。对此，部下都有怨气。

二月，慕容冲被部将攻杀，段随被立为燕王。

三月，慕容恒、慕容永又攻杀段随，改立慕容觊为燕王，率鲜卑人四十多万东归。

在东归途中，慕容觊又被慕容恒之弟慕容韬所杀。慕容恒改立慕容冲之子慕容瑶为帝。对此，众人不服，都拥护慕容永。于是，慕容永杀掉慕容瑶，立慕容泓的儿子慕容忠为帝。当他们走到山西闻喜时，才知道慕容垂已经称帝，便不敢再往东走了。

六月，将军刁云等杀死慕容忠，拥慕容永做河东王，向后燕称藩。他们以为这样就可以得到慕容垂的谅解了。

秋凉以后，他们继续上路，可前面却有苻坚的庶长子苻丕挡住了去路。慕容永向苻丕借道，遭到拒绝，只得发兵冲击，于是发生了襄汾（今山西襄汾东北）之战。鲜卑思归，奋勇冲杀，大破前秦兵，进据长子（今属山西）。

慕容永打了胜仗，以为可以立国，不必向慕容垂称臣了，便在长子称帝，建元"中兴"。

慕容垂和慕容永本是堂兄弟，但在慕容垂看来，天无二日，必须灭掉西燕。当时，众将都认为后燕连年用兵，官兵已疲惫不堪，不宜出兵。只有慕容垂的小弟慕容德支持出兵，他说："慕容永是燕国的枝叶，怎能容忍他擅自称帝！从后燕的长远利益着想，应当消灭西燕，统一人心。"慕容垂听完慕容德的话，站起来对大家说："我的主意已定，决不动摇。我虽已年近七十，但凭我的智谋和勇猛善战

的将士，足以夺取长子，生擒慕容永。"

后燕建兴九年（394年），慕容垂出兵攻打西燕。慕容永闻讯后，急忙分兵多路抵抗。

同年，慕容垂攻克长子，将慕容永及西燕的王公大臣全部杀掉，西燕灭亡了。

后燕历七帝，历十一年。

（九）后秦

姚苌，南安赤亭（今甘肃陇西县西）人，先祖世代为羌族酋长。姚苌是姚弋仲之子，姚弋仲共有四十二子，姚苌是其中第二十四子。

姚苌自幼聪明，多权略，落落大方，不拘小节。姚苌随其兄姚襄(姚弋仲第五子)征战，多次参与决策。

前秦苻坚永兴元年（357年），姚襄与前秦大军战于三原，兵败被杀。姚苌率众投降，为苻坚担任部将，累建战功，升为龙骧将军。

苻坚在淝水大败逃回长安后，各族首领纷纷乘机反秦自立。苻坚派兵镇压，两年后被姚苌缢死于新平佛寺。

苻坚死后，姚苌乘慕容冲率军东下之机进入长安。晋孝武帝太元十一年（386年）四月，姚苌即皇帝位，定都长安，置百官，大赦境内，国号大秦，改元建初，史称后秦。

姚苌智勇双全，体恤士卒。生活俭朴，每餐只食一菜，皇后随军不穿绸缎。将帅死于战事者加秩二等，士卒战死后都有褒赠。他在位八年，施仁政，置学馆。整顿吏治，考评优劣，奖功罚罪。姚苌对于安定社会，恢复和发展关陇地区的经济、文化起了积极的作用，在战乱的十六国时期，后秦境内成了当时的一片乐土。

太元十八年（393年）十二月，姚苌病逝，太子姚兴即位。

姚兴勤政爱民，尊重读书人，将一些大儒提到朝廷要职上，让他们到太学授课，还常于退朝后请他们到皇宫一起探讨治国的学问。为让官吏公平执法，他特地在京城办了一所法律学校，让地方官入学，毕业合格后才能上任处理案件。

为了解放劳动力，发展生产，姚兴解放了奴隶，让他们回乡务农。

东晋安帝义熙元年（405年），东晋大将刘毅派人出使后秦，建立外交关系，并请将南乡诸郡割让给东晋。姚兴十分慷慨，立即将南乡、新野等二十个郡让给东晋。这时，大臣群起反对，姚兴说："刘毅出身低微，却能匡扶晋室，我们何必吝惜几郡之地而不成全其美呢？"大臣们听了此言，再也无话可说。

东晋义熙十二年，后秦永和元年（416年），姚兴病逝，太子姚泓即位。

姚泓是位有名的仁君，主张法律要宽，用刑要轻。他心慈手软，对于阴谋夺位的弟弟，他不肯用刑；对于野心勃勃的反叛者，他只惩首恶，其余一概不问。

姚泓尊师重教，老师来探望他时，他慌忙下拜，从而推动了后秦的尊师风气。在他的影响下，后秦公侯见了师傅都要下拜。

但是，姚泓即位后，日子并不好过，东晋的北侵令他整日坐立不安。

东晋太尉刘裕为了立功称帝，积极准备灭亡后秦的战争。

刘裕率大军从建康(今南京)出发，兵分五路，水陆并进。

晋将王镇恶部乘舰逆渭水而进，将士兵藏于舰内。后秦兵见舰不见人，正在惊异之际，王镇恶令军士手执兵器弃舰登岸，背水死战，大败秦军。姚泓引兵往救，恰遇秦军败退，自相践踏，姚泓单骑逃回王宫，被迫请降，后秦灭亡。姚泓到建康后，即被杀害。

后秦历三帝，共三十四年。

(十) 西秦

鲜卑乞伏氏在汉魏时从漠北翻越大阴山，迁往陇西定居。前秦苻坚在位时，乞伏司繁被任命为镇西将军，镇守勇士川 (今甘肃榆中)。乞伏司繁死后，乞伏国仁代镇。

前秦建元十九年 (383年) 淝水之战前，苻坚命乞伏国仁为前将军随军出征。临行前，乞伏国仁的叔父乞伏步颓于陇西起兵独立，苻坚派乞伏国仁回师讨伐。乞伏国仁反而与叔父联兵，脱离了前秦。

淝水之战后，苻坚败亡。乞伏国仁聚众十余万，于385年自称大将军、大单于，并领秦河二州牧，筑勇士城为都城，史称西秦。

西秦建立后，延纳汉族士大夫，重用汉官，学习汉人长期以来积累的统治经验。国家机器中管理机构的设置主要模仿汉族政权，中央设有相、尚书、御史、

侍中、长史、司马、仆射等，地方上设有刺史、太守、牧等。

西秦政府设置了传授儒家经典的博士，对鲜卑族贵族子弟进行汉文化教育。

在学习汉文化的同时，西秦还大力提倡佛教，以玄高、昙弘、玄绍三位高僧为国师，有弟子三百余人。西秦时期，活动在甘肃一带的民族如鲜卑人、羌人、汉人、匈奴人、氐人都信仰佛教。西秦统治者用宗教作为精神支柱联络各民族的感情，为其统治服务。著名的炳灵寺就是西秦所建，成为当时规模很大的佛教中心。

在西秦的各族人虽臣服于西秦，但并非完全心甘情愿，一旦军事控制稍懈，有机可乘，就会造反。西秦政权在武力控制的同时还通过佛教宣扬西秦政权存在的合理性，宣扬君权由神佛所授。佛教能帮助统治，对西秦政权的巩固起到了积极的作用。

乞伏国仁在位四年,于东晋孝武帝太元十三年(388年)六月病逝,其子乞伏公府只有8岁,难理朝政,群臣推举乞伏国仁之弟乞伏乾归为大将军、大都督、大单于、河南王。

乞伏乾归登基后,立汉族妻子边氏为王后,置百官,仿汉制,迁都金城(今甘肃兰州)。

西秦开国初,乞伏国仁用人几乎是清一色的鲜卑族。鲜卑族对东征西杀是熟悉的,但对治理国家却很陌生,急需文化程度较高的汉人参政。从太元十七年(392年)开始,乞伏乾归任用了一大批汉官,并以汉人赵景为太子詹事,辅导太子。鲜卑贵族学习汉文化,兼容并蓄,为西秦政权的巩固、发展发挥了作用。

太元十九年(394年),前秦主苻登败死,乞伏乾归尽占陇西之地,改称秦王。

太元二十年(395年),吕光率十万大

军进攻西秦，乞伏乾归在大臣们的劝说下投降吕光，并把儿子敕勃作为人质留在了西平。

隆安四年（400年），西秦败于姚兴，又降附后秦，为其属国。

西秦立国后，处在众多割据政权的夹缝中，为了生存，不时臣服强国，入质称藩。在当时众敌环立、敌强我弱的形势下，采取灵活的策略，以屈求伸，是西秦立国初期的方针。

义熙八年（412年），乞伏乾归病死，其子乞伏炽磐即位，称河南王，迁都枹罕（今甘肃临夏）。

义熙十年（414年），乞伏炽磐攻灭南凉，改称秦王。

乞伏炽磐执政时期，在黄河上建造了著名的"飞桥"。关于黄河上的桥梁，最早的记载就是这座桥。这座飞桥高五十丈，三年建成，使万里黄河变成通途，极大地方便了两岸的百姓。

元嘉五年（428年），乞伏炽磐去世，其子乞伏暮末即位，因用法严酷，民多叛亡。

元嘉八年（431年），夏军围攻南安，乞伏暮末出降，夏主赫连定杀了乞伏暮末及其宗族五百人，西秦灭亡了。

西秦政权在险恶的环境中存在了数十年，使当地百姓有了一点喘息的机会，生产力也有了相应的发展。

西秦历四主，共四十七年。

（十一）后凉

后凉是氐族吕光建立的政权。吕家为氐族贵族，吕光父亲吕婆楼曾辅佐苻坚登上帝位，立有大功，官至太尉。

吕光10岁那年和小伙伴一起玩耍时，便懂得运用阵法，被推为首领，小伙伴无不佩服。

吕光身长八尺四寸，目有重瞳子。为

人沉毅凝重，宽厚大度，喜怒不形于色。王猛十分看重吕光，对人说："吕光不是平常人。"于是，将吕光推荐给苻坚，苻坚任命吕光为美阳令。不久，吕光升任鹰扬将军。

升平元年（357年），苻坚杀堂兄苻生后即位，自称天王。

升平二年（358年）二月，苻坚亲征张平，张平派养子张蚝迎战。张蚝单枪匹马闯入秦军阵地，反复四五次，如入无人之地。苻坚悬赏招勇士出战，吕光率先冲出，一戟刺张蚝于马下。张平投降苻坚，吕光从此威名大震。

太元八年（383年）正月，苻坚命吕光率军七万余人进攻西域。次年八月，西域各国纷纷投降。

太元十年（385年），吕光用两万匹骆驼驮着一千多种西域的珍奇货物，带着一万多匹西域骏马东归。这时，苻坚已在淝水之战中惨败，中国北方又陷入四分

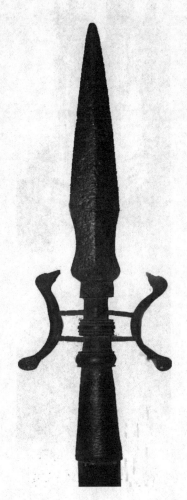

五裂中。

同年，吕光率军进入姑臧(今甘肃武威)。

凉州地处边陲，消息十分闭塞。次年，苻坚被杀的消息才传到凉州。吕光听到噩耗，如丧考妣，悲痛欲绝。他命令凉州军民为苻坚披麻戴孝，东向致哀。

一个月后，吕光自称凉州牧、酒泉公。太元二十一年（396年），在取得一系列军事上的胜利后，吕光即天王位，国号大凉，史称后凉。

后凉统治范围包括甘肃西部和宁夏、青海、新疆各一部分。

吕光在后凉境内重视不同意见，随时纠正错误。一次，吕光与群臣议论国事，参军段业认为吕光用法过严。吕光辩解说：“吴起从不施恩而楚国强大，商鞅用法严酷而秦国兴旺。”段业当面反驳道：“吴起遭杀身之祸，商鞅受灭族之灾，都是他们平时过于残忍的结果。如今

大业初创，一切效法尧舜都嫌来不及，如果效法吴起和商鞅，难道是凉州百姓之愿吗？"吕光认为段业说得有理，立即接受了他的建议。

吕光接连平息叛乱，取得了军事上的胜利，进一步巩固了后凉的统治。吕光自称三河王，改元麟嘉。

凉州在十六国初期是一个远离战火、相对平静的地区。在后凉建立的最初几年，也有过一段时期的平静。但南凉和北凉建立后，秃发氏和沮渠氏南北夹击，让后凉处境变得越来越凶险。后凉的东面还有西秦和后秦两个政权，西面的吐谷浑也在不断壮大。一时间，后凉四面受敌，时时挨打，经济凋敝，江河日下。

隆安三年（399年），吕光逝世。吕光死后四年，后凉被后秦所灭。

后凉历四主，共十八年。

（十二）南凉

南凉是鲜卑秃发乌孤所建的政权。

秃发即"拓跋"的异译，是拓跋氏的一支，被称为河西鲜卑。

由于争夺牧场，这支鲜卑于曹魏时期由塞北阴山沿贺兰山脉东麓南下游牧。最后，他们聚居于河西走廊东部及青海湖以东地区，与汉、羌等族共处。

曹魏及西晋统治者因这支鲜卑与羌、胡相似，便设护羌校尉监领他们，各部仍自有部帅。

这支鲜卑人往往被征兵，或被掠为奴婢、佃客，同时还要缴纳赋税，以致民族矛盾日益尖锐。西晋初年，终于爆发了以秃发树机能为首的反晋斗争。陇右、河西其他民族纷纷响应，攻进金城，击杀了凉州刺史。

晋武帝咸宁五年（279年），秃发树机能攻破凉州，阻断了西晋与河西的交通。

西晋朝廷大震，急遣威武太守马隆统军镇压。秃发树机能因寡不敌众，兵败被杀，秃发部降于西晋。

秃发树机能反晋斗争虽然失败了，但秃发鲜卑部并未溃散。传至秃发乌孤后，采取养民务农的经济政策，在政治上礼贤下士，修政明刑，对外结好，不事征战。十余年间，秃发部在后凉东南一带渐渐强大起来。

太元二十一年（396年），吕光即天王位，改国号为大凉，遣使拜秃发乌孤为征南大将军、益州牧、左贤王。秃发乌孤想摆脱吕光的控制，因而谢绝了封爵。次年，秃发乌孤自称大都督、大将军、大单于、西平王，建立了南凉，年号太初。

太初二年（398年），秃发乌孤乘后凉内乱之机，取得洪池岭南五郡（广武、西平、乐都、浇河、湟河）之地，改称武威王。

太初三年（399年），秃发乌孤迁都乐

都（今青海省乐都县），专力经营河湟地区，量才叙用汉、夷各族贤能之士，使南凉政权逐渐完善和巩固起来，极盛时控有今甘肃西部和宁夏部分地区。

这年八月，秃发乌孤因酒醉坠马而死，其弟秃发利鹿孤即位，迁都西平（青海西宁），并进一步加强与北凉的联盟，以对付后凉，南凉开始兴盛起来。

南凉建和三年（402年）三月，秃发利鹿孤去世，其弟秃发傉檀即位，更号为凉王，迁都乐都，改元弘昌，史称南凉。

南凉嘉平七年（414年），南凉因连年不收，国家陷入困境。西秦乞伏炽磐乘机袭取乐都，秃发傉檀投降西秦，年终被毒死，南凉灭亡了。

秃发鲜卑及其建立的南凉对河湟地区经济、文化的发展起了积极的促进作用。在秃发利鹿孤和秃发傉檀时期，不断鼓励农桑，修筑和扩建城镇，使南凉成为河陇一带经济最为繁荣的地区。

在南凉境内的大路上,中外商人和僧人络绎不绝。南凉在中亚陆路交通上起了重要的作用。

南凉历三主,共十八年。

(十三) 北凉

北凉是汉人段业建立的政权。段业从小博览群书,精通尺牍,曾任前秦将军杜进的记室,掌管文书。杜进随吕光西征时,段业也随同前往。吕光发现段业的才能后,将其升到帅府担任著作郎,吕光的文件、告示都出自段业之手。吕光建立后凉时,段业历任尚书、建康(今甘肃高台)太守。

后凉龙飞二年(397年)二月,吕光因西秦乞伏乾归数度叛离,决定出兵消灭他。吕光派他的庶长子吕纂攻克金城(今甘肃兰州),派他的弟弟吕延带着沮渠部落酋长沮渠罗仇兄弟攻克临洮、武始、河关。后来，因吕延麻痹轻敌，兵败被杀。吕光埋怨沮渠罗仇和他的弟弟沮渠麹粥护卫不力，以败军之罪杀了他们。

沮渠部是匈奴的一支，其先祖世为匈奴左沮渠王，便以部落为姓。东汉时，因居住在卢水（今青海西宁）一带，又称卢水胡。三国时期，沮渠部向南扩展到今四川北部，一部分则居于今甘肃武威附近。他们原以游牧为业，后部分改为农耕。吕光班师回朝途中，沮渠罗仇归附了后凉，被吕光任命为西平太守、建忠将军、尚书；沮渠麹粥被任命为三河太守。

沮渠罗仇的侄儿沮渠蒙逊时任沮渠部落酋长，在后凉建康太守段业部下为将。沮渠罗仇兄弟被杀后，在安葬之日，一万多人前来参加葬礼。沮渠蒙逊当众大哭道："吕王昏聩，暴虐无道，不但占了我们的地盘，还杀我们的人，我们决不能让二位叔父饮恨九泉！"在场众人听了，无不痛骂吕光。于是，沮渠蒙逊与众人

盟誓，团结起来共讨吕光，十日之内就有一万多人前来投奔。沮渠蒙逊的堂兄沮渠男成时任后凉晋昌太守，也起兵响应。

沮渠男成率部进军建康，劝说建康太守段业起兵反凉。段业素与后凉尚书王祥、侍中房晷等权臣不睦，这次出任建康太守就是被他们排挤所致。段业怕以后为其所害，于是同意起兵。沮渠蒙逊知道后，也率部与段业、沮渠南成合兵一处，兵力大大加强了。

沮渠男成、沮渠蒙逊年纪尚轻，职位也低，没有号召力，于是二人共推段业为主。

段业自称大都督、龙骧大将军、凉州牧、建康公，建元神玺，建都骆驼城（今甘肃高台县南22公里处）。

而后，段业改称凉王，迁都鹿得城（今甘肃张掖西北15公里处），改元天玺。因张掖在河西四郡之北，故史称北凉。

段业称王后，任沮渠蒙逊为张掖太守、临池公、尚书左丞；任沮渠南成为辅国将军，负责军国大事。北凉的军政大权都掌握在沮渠蒙逊兄弟手中，他们君臣之间貌合神离。

沮渠蒙逊主动要求去安西（今甘肃敦煌东北）当太守，以等待夺权时机。离开张掖前，沮渠蒙逊想出一个极其阴险的夺权方案。沮渠蒙逊向沮渠男成告别，并约好时间于赴任前一同去兰门山祭祖，然后却派亲信许咸密报段业，说沮渠南成准备借进山祭祖之机发动叛乱，段业信以为真。过了几天，沮渠男成果然向段业请假到兰门山祭祖，在赴门兰山途中被段业预先埋伏好的士兵捕杀。沮渠男成一死，沮渠蒙逊对部下说："男成对北凉无限忠诚，如果没有男成，段业能有今天的基业吗？可段业却无故把他杀害，难道我们就忍心袖手旁观，不为他报仇吗？况且凉州兵荒马乱，段业能收拾这个烂摊子吗？"沮渠男成平时深得人心，众人都愿意为他报仇。于是，沮渠蒙逊很快拉起了一支一万多人的队伍，起兵攻打段业，附近的羌、胡纷纷响应，段业身边的兵将也大都投奔沮渠蒙逊了。

沮渠蒙逊很快攻下张掖，杀了段业。段业自开国到被杀共在位四年。段业死后，沮渠蒙逊的部将推举沮渠蒙逊为大都督、大将军、凉州牧、张掖公，改元永安。

即位之初，沮渠蒙逊感到国力不够强大，比较注意同周围邻国建立和睦关系，以避争端。

沮渠蒙逊自感羽毛丰满之时，亲率三万大军攻击南凉，夺取了南凉国都姑臧（甘肃武威）。沮渠蒙逊由张掖迁都姑臧，改称河西王，改元玄始。

玄始十年（421年），沮渠蒙逊声东击西，灭了西凉，占领了整个凉州地区。

永和元年（433年），沮渠蒙逊病逝，

三儿子沮渠牧犍即位，拓跋焘派宁西将军李顺到北凉封沮渠牧犍为车骑将军，凉州刺史，并加号河西王。

沮渠牧犍自幼酷爱学习，对有学问的人非常尊重。即位以后，他把西北地区的文化名人请到国都，或把他们提拔到显要位置，或让他们主持太学，或让他们辅导太子学习。

北凉处于丝绸之路的要道上，极受北魏重视，因而沮渠牧犍也颇受拓跋焘的青睐，还把妹妹武威公主嫁给了他。

沮渠牧犍对北魏很谦恭，对南朝刘宋也表示友好。他派人出使建康（今江苏南京），与刘宋建立了外交关系。宋文帝刘义隆不甘心落后于北魏，封沮渠牧犍为都督凉秦等四州诸军事、征西大将军、凉州刺史、河西王。这样，沮渠牧犍成了南北两朝天子同时承认的藩王。沮渠牧犍把河西珍藏的一些重要书籍赠给刘宋，刘宋也送给他几十种书籍。

　　永和七年（439年），拓跋焘因妹妹几乎被沮渠牧犍的情妇毒死，勃然大怒，亲率大军攻破姑臧。沮渠牧犍率文武百官五千人投降，姑臧百姓二十余万人和府库中的无数珍宝尽归北魏。

　　沮渠牧犍被送到平城，因为他是拓跋焘的妹夫，仍受到拓跋焘的礼遇。

　　太平真君八年（447年），有人告发沮渠牧犍和北凉的遗臣遗民勾勾搭搭，拓跋焘盛怒之下让太常卿崔浩给沮渠牧犍送去一张赐死的诏书，沮渠牧犍被迫自杀了。

　　拓跋焘攻下姑臧后，沮渠牧犍的弟弟沮渠无讳和沮渠安周先后称王，与北魏为敌，又使国祚延长了二十年。

　　北凉历五主，共六十三年。

(十四) 南燕

慕容德是前燕开国皇帝慕容皝的小儿子,体貌雄伟,多才多艺,博览群书,吸收了中原汉族文化的精髓,是位儒将。每次讨论军国大事时,他都能抓住要害。慕容德不仅是一位拼杀疆场的悍将,还是一个出谋划策的智多星。

慕容德和哥哥慕容垂感情极好,常常互帮互助。慕容德一直追随慕容垂,慕容垂也非常赏识他。在枋头之战中,慕容德协助慕容垂击败东晋大将桓温,对前燕功不可没。慕容垂遭到太傅慕容评的排挤,不得已投奔前秦后,慕容德也因此受到牵连而被免职。

慕容德是个出色的政治家,有着敏锐的政治头脑。前燕末帝慕容暐在位时,正是前燕与前秦对峙时期。前秦内部发生叛乱,苻双等人起兵反对苻坚。慕容德闻讯,急忙劝慕容暐抓住机会攻秦,而慕

容晅竟未采纳，坐失了良机。

前燕灭亡后，慕容德和慕容氏家族一起被押往长安，被苻坚任命为张掖太守。苻坚大举攻晋时，任命他为奋威将军。但慕容德和慕容氏家族其他成员一样，天天都在盼望复国。

淝水之战中，苻坚大败，逃到慕容垂军中，慕容垂的儿子慕容宝劝父亲杀了苻坚，慕容垂心中不忍说："苻坚对我有恩，君子不可乘人之危。"慕容德说："当初，秦强时灭了我们燕国；如今秦弱了，正是我们报仇雪耻之机，不能算乘人之危啊！"慕容垂毕竟难忘苻坚对他的礼遇之恩，没有下手。

走到荥阳时，慕容德又劝慕容晅说："我们应该乘乱复国。"慕容晅没有采纳。于是，慕容德便随一心复国的慕容垂回到了前燕故地。慕容德不但帮助慕容垂建立了后燕，还在群臣的反对下力挺慕容垂灭了西燕。

慕容宝即位后，让他的叔父慕容德镇守邺城。

皇始二年（397年），北魏围攻后燕都城中山，慕容宝北奔龙城，北魏攻破了中山。

在魏军压力下，慕容德弃邺南下，于北魏天兴元年（398年）徙至滑台，自称燕王，建立燕国，史称南燕。

次年，北魏攻占滑台，慕容德率众东迁广固(今山东益都西北)，改称皇帝，占有今河南及山东部分地区。

南燕建立后，慕容德虚心纳谏，阿谀奉承的现象根除了，敢于直言的人越来越多。

慕容德设立了主管教育的学官，让官员子弟入学读书，成为官僚的后备军，为治国提供了人才。

慕容德提拔晏婴的后代晏谟担任尚书郎，以示对齐鲁文化和当地士人的尊重，让更多的人团结在自己的周围。

慕容德整顿内部，清查户口，消除了隐瞒现象，使户口由十万家增至十五万八千家，从而减轻了百姓的负担，国力也大大增强了。

在慕容德统治下，青、兖地区经济迅速发展，百姓过上了温饱的生活。

天赐二年（405年），慕容德病逝，兄子慕容超嗣位。

当初，慕容德奉命随苻坚大军攻打东晋时，他的母亲和妻儿都留在张掖任上了。第二年，慕容德帮助慕容垂复国，新任的张掖太守苻昌便把慕容德的几个儿子全杀了。

慕容超即位后，只知玩乐，委政幸臣，大杀功臣，赋役繁重，百姓再度陷入了困苦的深渊。

永兴元年（409年），东晋大将刘裕率军北伐，次年攻下广固，慕容超被俘斩首，南燕灭亡了。

南燕历二主，共十二年。

(十五) 夏

夏是匈奴赫连勃勃建立的政权。

赫连勃勃是匈奴南单于的后裔，其父刘卫辰在淝水之战后占据了朔方之地，拥兵自重。

后来，刘卫辰被北魏大军追杀，只有赫连勃勃一人逃到后秦。

赫连勃勃曾担任后秦姚兴的骁骑将军，于夏龙升元年（407年）脱离后秦，在鄂尔多斯南部建立大夏国，自认是夏禹的后代，故称大夏天王，仿照中原王朝的政体设置了各种机构。

当年，汉高祖刘邦与匈奴和亲后，匈奴上层统治者多改姓刘，自称是刘邦的后代，并引以为荣。赫连勃勃认为这样做大错特错，是匈奴的耻辱，因此他不再姓刘，改姓赫连。

赫连勃勃役使十万人在无定河北岸建立都城，命名统万城（今内蒙古乌审旗南白城子)，取"一统天下，君临万邦"之意。

统万城规模宏大，富丽堂皇，方圆数里，用当地的白土发酵后版筑夯实而成。因土色泛白，俗称"白城子"。

统万城由外郭城、东城和西城组成。东城为主，西城为辅。东城设有四门：南为朝宋门，东为招魏门，西为服凉门，北为平朔门。四城角各有墩楼，最高达30米，城墙四面均有防御性的马面建筑。

赫连勃勃是十六国后期最残暴的统治者，他不仅推行胡汉分治，优待胡人，虐待汉人，而且施政残暴。他筑统万城时，如果筑完的城墙能用锥子刺入一寸，即将筑城的人杀掉埋在城墙里。他命令工匠制造甲弓时，如果射甲不透，即斩制弓的工匠；如能射透，即斩制铠甲的工匠。他每攻下一座城池，往往大肆屠城，并坑杀战俘。

刘裕灭掉后秦后，留下儿子镇守长

安，自回江南了。留在长安的守兵力量薄弱，赫连勃勃便乘机袭取了长安。

夏昌武元年（418年），赫连勃勃在灞上即皇帝位，留儿子赫连昌镇守长安，然后自回统万城。

称帝后，赫连勃勃更加残暴。他常在统万城上注视行人，见谁不顺眼，便将其射死。如果觉得哪个大臣对他的眼神不恭敬，便将其眼睛挖出。如果有人笑他，便将其嘴唇撕开。如果有人进谏，便将其舌头割下。

夏国的统治靠的是军事征服，因此政局很不稳定。

赫连勃勃病死后，次子赫连昌即位。北魏拓跋焘亲率大军进攻夏国，赫连昌兵败，南走上邽(今甘肃天水)。

夏胜光元年（428年），北魏大军攻陷上邽，生俘赫连昌。赫连昌做了魏国驸马，被封秦王。

赫连勃勃的第五子赫连定逃到平凉

(今甘肃平凉西北),自称大夏皇帝,灭了西秦。

夏胜光四年(431年),赫连定为了躲避魏军攻击,率大军西击北凉时,被吐谷浑所俘,献给北魏,夏国灭亡了。

赫连昌叛魏西逃被杀,赫连定也牵连被杀。

夏历三主,共二十五年。

(十六)北燕

后燕皇帝慕容熙荒淫残暴,失掉了民心。后燕建始元年(407年),在冯跋的支持下,慕容宝养子高云取得后燕政权,朝政掌握在冯跋手中。

冯跋,长乐信都(今河北冀县冀州市岳良冯跋村)人。祖父冯和在西晋灭亡时避乱上党(今山西长子县),父亲冯安曾在西燕慕容永手下做官,慕容永兵败后,冯安迁居和龙(今辽宁朝阳市),成为鲜卑化

汉人。

冯跋年少时为人谦恭谨慎, 寡言少语, 宽厚大度, 勤于农事, 深受父母喜爱。

后燕慕容宝在位时, 冯跋官至中卫将军。

北燕太平元年 (409年), 高云被欲壑难填的幸臣离班、桃仁所杀, 冯跋派人杀了离班、桃仁, 自称燕天王, 史称他所建立的政权为北燕。

建国后, 冯跋奖励农桑, 勤于政事, 轻徭薄赋, 废除了慕容熙的苛政。

冯跋提倡廉政, 严惩贪官污吏。大臣李训趁慕容熙失败时从国库中窃取了数以万计的金银财宝, 向吏部尚书行贿, 得以出任方略令。冯跋侦知此事后, 立即将李训处死, 还训斥了吏部尚书。此后, 朝中再未发生行贿受贿的事。

冯跋重视人才培养, 特地成立了一所太学, 聘请大儒担任讲师, 选拔二千石以下官吏的子弟入学读书。

冯跋大力发展农业生产，破坏农业生产者杀无赦，努力耕田者受褒赏。他命令百姓每人种植桑树一百棵，柘树二十棵。为了节省财力和物力，他还积极改革殡葬习俗，提倡丧事从俭。

冯跋在位二十二年，使处于乱世之中的北燕保持稳定。

北燕太平二十二年（430年），冯跋病逝，其弟冯弘自立为帝，被北魏所灭。

北燕历二主，共二十八年。

四、南朝

南朝（420—589年）是东晋之后建立于南方的四个朝代的总称。东晋王朝灭亡后，南方先后出现了宋、齐、梁、陈四个朝代，与北方的北魏、东魏、西魏、北齐、北周等合称南北朝。

（一）刘宋

刘裕是汉高祖刘邦弟弟楚元王刘交的后代，生于东晋哀帝隆和二年（363

年)。

刘裕刚一降生母亲就去世了,没过几年父亲也病逝了。因此,刘裕早年备尝艰辛,种过田,打过柴,捕过鱼。

刘裕虽然穷,但喜欢结交朋友,常跟朋友一起舞刀弄枪,骑马射箭,练就了一身好武艺。

有一天,刘裕听说北府兵募兵,就去报名了。

北府兵是东晋大将谢玄在京口招募勇士组建的军队,因京口在东晋都城建康的东北方,又叫北府,于是在京口组建的这支军队就叫北府兵。

北府兵将领刘牢之见刘裕身材魁梧,相貌堂堂,就把他留在身边当了一名军官。

刘裕擅长带兵,能约束部下。他的队伍纪律严明,常打胜仗。不久,刘裕便成了北府兵的名将。

晋安帝元兴元年(402年),桓玄在

荆州起兵谋反。桓玄是桓温的儿子，东晋末年担任荆州刺史。他想篡位，便乘建康一带闹饥荒之机下令封锁长江，不准上游的粮食下运。建康军民无粮，只好吃麸皮和橡子面。

东晋派北府兵将领刘牢之率军讨伐桓玄，桓玄收买了刘牢之，打进建康，强迫晋安帝退位。桓玄做了皇帝，改国号为楚。

桓玄过河拆桥，逼死刘牢之，还杀了他手下的大将。因刘裕是中下级将领，不但未被杀，反被作为拉拢对象加以重用了。

为了替提拔他的恩人刘牢之报仇，刘裕联合北府兵的中下级军官密谋推翻桓玄。桓玄被迫撤出建康，把晋安帝也带走了。

刘裕打败桓玄后，把晋安帝接回建康，重登皇帝宝座。

刘裕成了东晋王朝的中兴功臣，晋

安帝把指挥军队的大权交给他,让他坐镇京口,管理徐、青二州。后来,晋安帝又让刘裕做扬州刺史,兼任代理尚书,把政权也交给了他。

大权在握,刘裕便有了政治野心,也想像刘邦那样做皇帝了。但是他认为时机尚未成熟,于是他又出兵讨伐北方的南燕和后秦。他知道北伐是百姓的愿望,打了胜仗会提高自己的威望,有利于夺取东晋的天下。

晋安帝义熙五年(409年),刘裕亲自带兵从建康出发,渡过淮河,攻下广固,生擒慕容超,灭了南燕。

晋安帝义熙十三年(417年),刘裕率军攻入长安,姚泓被迫投降,后秦灭亡。

刘裕在长安住了两个月,深受关中百姓的拥戴。但他怕离开朝廷太久,大权旁落,决定班师。

刘裕回到建康,晋安帝拜他为相国,封他为宋公。

晋恭帝元熙二年（420年），刘裕见夺取帝位的时机已经成熟，就把晋恭帝废掉，自己做了皇帝，改国号为宋，史称刘宋。

刘裕即位后，公布说："百姓拖欠的债务不再收取；逃避租税和兵役的限期还家，免租税二年。"东晋末年，置官太滥，给人民带来了沉重的负担，刘裕对此进行了制止。在法制上，刘裕对东晋以来严酷刑法也进行了改革。

刘裕虽是行伍出身，识字不多，但他非常重视教育，下令全国各地办学。

刘裕所做的改革，推动了社会的进步，促进了历史的发展。

刘宋历九帝，共六十年。

（二）萧齐

宋孝武帝大明八年（465年）五月，孝武帝病死，太子刘子业即位，史称前废

帝。他为人荒淫残暴，随便杀人。一天，他命王妃、公主、郡主进宫，在他面前站成一排，让左右随意侮辱她们。南平王刘铄的王妃江氏誓死不从，刘子业竟下令杀了她的三个儿子。接着，又用鞭子抽了江氏一百下。同时，他还滥杀大臣。他这样荒唐，大臣忍无可忍，只得杀了他。史书上称他为前废帝，不承认他是一个正式的皇帝。

接着，孝武帝刘骏的弟弟刘彧做了皇帝，史称宋明帝。

刘彧死后，太子刘昱即位，史称后废帝。他这年刚刚10岁，整天只知道贪玩。不久，皇室中又有许多人争夺帝位，刘昱靠大将萧道成的帮助杀了这些人。

萧道成于宋文帝元嘉二年（427年）生于江苏武进县，自幼喜欢读书。

萧道成14岁时，宋文帝将彭城王刘义康贬为江州刺史，派萧道成的父亲去监视他。萧道成不得不抛弃学业，随父南行，开始了戎马生涯。

在多年的征战中，萧道成有勇有谋，步步高升。到宋明帝时，萧道成已升为右将军了。

刘宋王室骨肉相残，杀来杀去，皇室中人所剩无几了。

刘昱拿人命当儿戏，动不动就杀人，杀人凶器有针、凿、锥、锯之类。

刘昱15岁那年，一天要用萧道成的肚脐当箭靶。当他拉满弓正要射时，萧道成慌了，忙说："老臣无罪！"这时，刘昱的心腹王天恩说："陛下还是把箭头拿掉再射吧，否则一箭把人射死了，就没有这么好的靶子了。"刘昱听了，便去掉箭头，一箭射去，正中萧道成的肚脐。

萧道成捡了条命，回府后仍后怕。在乞巧节那天晚上，萧道成派人把刘昱杀了。史称刘昱为后废帝，也不承认他是一个正式的皇帝。

萧道成老谋深算，他虽然想做皇

帝，但又觉得为时过早，名不正言不顺，在这个时候当皇帝，难免背上弑君之名。于是，他决定演一出禅让戏，提议迎接刘昱的弟弟刘准即位。

11岁的刘准即位，史称宋顺帝。宋顺帝封萧道成为骠骑大将军，不久又封他为太尉、太傅、相国、齐公，把军政大权都交给了他，并且允许他带剑上殿，刘准成了一个傀儡。

两年后，王敬则带兵冲进皇宫，逼刘准交出玉玺，刘准吓得躲到佛龛底下直发抖。在王敬则的威逼下，他只得将玉玺交给萧道成，刘宋灭亡了。

萧道成做了皇帝，改国号为齐，史称南齐，萧道成即齐高帝。这年刘准才13岁，出宫时大哭道："愿今后世世代代不再生于帝王家。"

萧道成认为刘宋亡国的原因有两条：一是王室骨肉相残，削弱了自己的力量；二是从孝武帝起，皇帝生活过于奢侈腐化，加重了百姓的负担，引起了百姓的强烈不满。

为此，萧道成大力提倡节俭，并教育子孙要加强团结。

萧道成以身作则，过着节俭的生活。过去，皇帝的礼服上要佩一种叫做"玉导"的装饰品，说是可以避邪。萧道成认为这种玉制品是产生奢侈的根源，叫人把它砸碎，不许再用。

他下令把后宫用金和铜做的器物以及栏杆、门槛等都改用铁制品，把内殿挂的绣花绫罗帐改为黄纱帐，让宫女一律改穿朴素的紫色鞋子，将皇帝銮驾华盖上的镶金装饰品统统去掉。萧道成常说："让我治天下十年，当使黄金与泥土同价。"

萧道成戎马一生，却饱读经书，对于书法也勤学苦练，水平颇高。他经常写一些字赐给大臣，一些人看了都夸他写得好。

萧道成擅长下围棋，常与手下大臣下围棋。一天，萧道成与大臣周覆下棋，下到中途，忽然发觉不妙，想撤回棋子，周覆忙按住了萧道成的手，不许悔棋。萧道成一笑作罢，并不责怪他。萧道成还撰写《齐高棋图》二卷问世，介绍他的棋着。

萧道成只做了四年皇帝就死了。临死前，他把太子萧赜叫到床前，再三嘱咐说："刘氏如果不是骨肉相残，我们萧家哪能坐金銮殿。我死之后，你对兄弟子侄要倍加爱护。他们如有过失，可以严加教训，千万不能杀。这是我们萧家的一条规矩，不仅你要遵守，还要教育好子孙，让他们世世代代都要遵守。"

萧齐历九帝，共二十四年。

（三）萧梁

齐高帝建元四年（482年），齐高帝病逝，萧赜即位，史称齐武帝。萧赜既保持节俭的作风，也未杀害兄弟。他在位十一年，国家没有发生过动乱。

萧赜死后，他的堂弟萧鸾即位，史称齐明帝。萧鸾大杀兄弟子侄，被杀的好多都是贤王。

永泰元年（498年），萧鸾病死。他的儿子东昏侯萧宝卷即位后，皇室内部继续互相残杀，还随便诛杀功臣，萧衍的哥哥即在这时被杀了。

萧衍于刘宋孝武帝大明八年（464年）生于秣陵县，他的父亲萧顺之是齐高帝萧道成的族弟。萧衍自幼酷爱读书，天资聪颖，年纪轻轻就在文学方面崭露头角。他与当时著名文人沈约等七人交往甚密，时人称之为"八友"。萧衍进入仕途后，一帆风顺。

东昏侯三年（501年），时任雍州刺史的萧衍起兵，立15岁的萧宝融为帝，史称齐和帝。

萧衍攻入建康，萧宝卷在乱军中被杀。一年之后，萧衍逼萧宝融禅位，自己做了皇帝，改国号为梁，史称萧梁，萧衍即梁武帝。

萧衍做皇帝之后，勤于政务，不分春夏秋冬，一年四季总是五更起床，批阅奏章，在冬天把手都冻裂了。他为了广泛纳谏，下令在宫门前设两个盒子，当时叫函，一个是谤木函，一个是肺石函。如果功臣未受赏赐，有政绩的人未被提拔，或有才干的人未被录用，都可以往肺石函里投书。如果百姓要给国家提批评意见或建议，可以往谤木函里投书。

萧衍生活节俭，一顶帽子戴三年，一床被盖两年。他不讲究吃穿，衣服可以是洗过好几次的，吃的是蔬菜和豆类，每天只吃一顿饭，太忙的时候就喝点粥充

饥。

萧衍这样的皇帝在中国古代皇帝中是独一无二的，只有传说中的尧舜才能做到。

萧衍重视对官吏的选拔任用，要求地方官一定要清廉。他经常亲自召见地方官，教导他们要遵守为官之道。

萧衍下诏，凡是小县令政绩突出的，可以升迁到大县里做县令。大县令有政绩的，可以提拔到郡里做太守。

在萧衍的统治下，国家的吏治大大改善了。

大通元年（527年），萧衍亲自到同泰寺做了三天住持和尚后，开始信佛，再也不近女色，不吃荤了。他不仅这样做，还要求全国效仿。

萧衍统治前期，励精图治，把南朝社会推向了那一时代的巅峰。梁朝国力强盛，扭转了长期以来北朝压倒南朝的局面。他在政治、经济、军事和文化诸方面均有可观的建树，被公认为一代明君。

但是，萧衍到了晚年，简直同以前判若两人，成了典型的昏君。自从信佛后，他把朝政搞得一塌糊涂，北伐全军覆没，国库空虚。

梁武帝最大的失策是接纳北齐降将侯景，给江南百姓带来了巨大的灾难。

梁武帝太清二年（548年），侯景率兵八千攻进建康，下令屠城，自东吴以来经营了二百多年的古城建康成了一片废墟。

接着，侯景又攻进梁武帝居住的台城，自封为大丞相。侯景的士兵牵着马，佩刀带剑出入宫中。梁武帝见了，怪问道：“这是些什么人？”左右的人回答道：“这是侯丞相的兵。”梁武帝说：“不就是侯景吗，怎么说是丞相？”这话传到侯景耳中，不禁大怒，便派出他的私党日夜监视梁武帝的一言一行，对梁武帝的日常饮食也加以克扣。梁武帝想吃什么，大多

不能满足，不久便忧愤成疾，勉强活到这年五月，饿病而死。

四年后，侯景之乱虽然被平定，但经此一乱，南朝开始衰落了。

南梁历九帝，共五十六年。

（四）南陈

梁武帝天监二年（503年），陈霸先生于长城县。他自幼胸怀大志，读了大量的史书和兵书，还练就了一身好武艺。他身材高大，长于谋略，深受时人敬佩。

梁武帝死后，侯景拥立太子萧纲做皇帝，史称简文帝。侯景自封为宇宙大将军，仍做丞相，掌管军政大权。他恢复了秦始皇实行过的禁人私语的法律，违反的要株灭三族。不久，侯景派出三路大军攻占了吴郡、会稽等富庶地区。接着，又向江陵进军。

侯景想灭掉梁朝，北伐中原，统一

天下后再称帝。

简文帝大宝二年（551年），侯景派出的西征军在巴陵（今湖北岳阳）大败，猛将大多战死。侯景见统一无望，便急于称帝。这年八月，他废了简文帝，另立豫章王萧栋为帝。十月，侯景派人用土袋将简文帝压死。十一月，逼萧栋禅位，自立为帝，改国号为汉。

在江陵的萧绎是梁武帝的第七子，他同大将王僧辩、陈霸先率领的军队联合作战，打败了侯景，收复了建康。

侯景在逃走途中被部下杀死，尸体运回建康。王僧辩命人将他的首级送往江陵，砍下他的手送给北齐，然后抛尸街头。建康百姓纷纷赶来咬他的尸体解恨，不到一天工夫，尸体上的肉就被咬光了。

陈霸先和王僧辩平定侯景之乱后，萧绎在江陵做了皇帝，史称梁元帝。他拜陈霸先为大司空，掌管监察和法律，兼任扬州刺史，镇守京口；拜王僧辩为太尉，

执掌全国军事,镇守建康石头城。

　　萧绎做皇帝后,他的兄弟萧纶、萧纪,还有他的侄子萧詧都来争夺帝位,互相攻打,还借了西魏的兵力来消灭对方。西魏早就想灭掉梁国,扩张自己的领土,便发兵帮助萧詧攻下江陵。萧绎出降,在萧詧的怂恿下,北军用土袋将萧绎压死,封萧詧为梁王。

　　西魏军大肆抢掠,把江陵府库中的珍宝全部抢走,又掠走十余万人做奴仆,弱小者全被杀死。第二年,萧詧自称皇帝,历史上称他所建的国家为后梁。

　　陈霸先、王僧辩不承认萧詧称帝,在建康拥立萧绎的儿子萧方智做了皇帝,史称梁敬帝。

　　这时,北齐派兵要送被东魏俘虏的萧渊明到梁朝做皇帝,王僧辩从个人利益出发,答应了北齐的要求,接回萧渊明,立他为帝,废掉了梁敬帝。

　　陈霸先不同意这样做,三番五次劝

说王僧辩，可王僧辩不听。于是，陈霸先起兵进攻建康，除掉王僧辩。接着，陈霸先又杀了萧渊明，仍旧立萧方智为帝。

王僧辩死后，他的党羽乘陈霸先率军到义兴（原称阳羡，宋改为宜兴，辖今江苏宜兴、溧阳）平叛之机偷袭建康，占领石头城（在今南京清凉山）。这时，北齐也派兵五千从采石（即牛渚矶，在安徽马鞍山市长江东岸）渡江占领姑孰（今安徽当涂），控制了建康的西南门户。

陈霸先闻讯后，立即赶回建康，派兵夜袭长江北岸的齐军，烧毁北齐的运粮船；然后又包围石头城，切断了城中的水源。齐军为了摆脱困境，被迫求和。

和约达成后，陈霸先一面清除王僧辩的残余势力，巩固后方；一面派遣军队驻扎在淮河沿岸的方山一带，防御北齐入侵。不久，北齐撕毁和约，南下袭梁，到处杀人放火。由于陈霸先早有准备，指挥部队英勇作战，齐军始终不能逼近建康。

建康百姓积极支持陈霸先卫国抗齐，他们用荷叶包饭，夹上鸭肉，争相送到前线慰劳将士。

北齐军到处受到江南百姓的抵抗，没有房子住，军粮接济不上，只好住在泥泞的野地里，靠抢劫填饱肚子。最后，陈霸先打败了北齐军，保卫了家园。

陈霸先战功赫赫，威望日增，梁敬帝封他为陈国公，叫他总揽朝中大权。

梁敬帝太平二年（557年），陈霸先废掉梁敬帝，建立陈国，做了皇帝，史称陈武帝。

陈霸先在位三年，重用贤臣，政治清明，江南局势渐渐稳定下来。陈霸先在抵御侵略、维护社会稳定、保护中国传统文化等方面作出了卓越的贡献，是中国古代杰出的政治家和军事家。

陈朝历五帝，共三十三年。

五、北朝

北朝（386—581年）是我国历史上与南朝同时代的北方王朝的总称，包括北魏、东魏、西魏、北齐、北周等王朝，还包括统一中国前的北隋。

（一）北魏

淝水之战结束后，前秦灭亡，北方分裂成后秦、后燕、后凉、西秦、北魏等几个政权。

建立北魏的拓跋部原是鲜卑族的一支。西晋末年，晋朝统治者为了对付匈奴人建立的前赵，派人拉拢拓跋部，封拓跋部的大酋长猗卢为代公，把山西代县勾注山以北一带地方让给他统治。过了几年，西晋王朝又封猗卢为代王。

猗卢死后，代国发生了十多年的内乱。后来，猗卢的侄孙什翼犍做了代王。

晋孝武帝太元元年（376年），前秦皇帝苻坚进攻代国。什翼犍的庶长子寔君为了夺位，杀了他的几个兄弟，连什翼犍也一起被杀。不久，代国被前秦所灭，苻坚将寔君凌迟处死。

苻坚灭了代国之后，想把代国的王孙全部带走。代国有个名叫燕凤的大臣，怕苻坚斩草除根，就设法骗过苻坚，把什翼犍的长孙——年仅6岁的拓跋珪保护下来。

拓跋珪自幼聪明，深受什翼犍疼爱。拓跋珪卓然不群，显得格外英俊。人

们都说他将来一定会成为了不起的人物，都把复兴代国的希望寄托在他的身上。

拓跋珪为了复国，天天习武，舞刀弄棒，骑马射箭，样样都练得十分纯熟。他联络了许多能人，等待着复兴代国的时机。

晋孝武帝太元十一年（386年），前秦苻坚在淝水之战中被东晋打败，拓跋珪乘机在牛川（今呼和浩特）即王位，重建代国。

不久，拓跋珪把国号改为魏。史书上把拓跋珪建立的魏国称作北魏。

拓跋珪既能打仗，又善于治国。

拓跋珪叫鲜卑人开荒种粮，从事农业生产，改变了以畜牧游猎为主的生活方式。他曾亲自赶牛扶犁，参加耕种。

拓跋珪规定每次打胜仗后，要按功劳大小分发战利品。

拓跋珪既有充足的军粮，又有勇敢作战的将士，因此他能战无不胜，攻无不克，河套一带的部落纷纷投降北魏。从此，北魏土地不断扩大，国力更加雄厚。

晋孝武帝太元二十一年（396年），拓跋珪称帝。

晋安帝隆安二年（398年），拓跋珪迁都平城（今大同）。这时，北魏已经进入封建社会，成为黄河流域最强大的国家了。

拓跋珪建国后，学习汉人的先进文化，加速汉化进程。

为了培养人才，拓跋珪在平城开办了一所太学，聘请汉族儒生做教师。他还聘请大儒崔宏为他讲《汉书》，从历史上吸取治国经验。

在拓跋珪的统治下，北魏的政治、经济、文化都得到了迅速的发展。到他的孙子太武帝拓跋焘即位时，北魏终于统一了中国北方。

北魏历十六帝，共一百七十二年。

(二) 东魏

北魏在北方边境设了六个镇，派将士驻守。北魏孝明帝正光四年（523年），沃野镇（今内蒙古五原北）的兵士杀死克扣粮饷的镇将，发动起义，其他五镇纷纷响应。北魏勾结北方的柔然共同镇压，六镇起义失败了。

北魏把起义失败的六镇兵士二十多万人押送到冀州，这些兵士在冀州又燃烧起起义的怒火，准备向北魏都城洛阳

进军。这时,部落酋长尔朱荣率领强悍的骑兵镇压了义军。

义军失败后,尔朱荣掌握了朝中大权,飞扬跋扈。不久,北魏内部发生大乱,朝中大权落在了大将高欢和宇文泰手里。

高欢起兵声讨尔朱荣,大败尔朱氏联军,进入洛阳,立王族元修为帝,史称孝武帝。高欢担任大丞相,在晋阳建立了大丞相府。

当年夏天,孝武帝诈称攻打南梁,调集军队,想进攻晋阳。高欢接到密报,立即上表说马上发兵南下,随同南征。高欢亲率大军前来,孝武帝吓破了胆,慌忙逃往长安,投靠了宇文泰。

高欢未能追上孝武帝,回洛阳后另立清河王世子元善见为帝,这就是孝静帝。

高欢认为洛阳逼近西魏和南梁,决定立即迁都,勒令居民全部迁往邺城。

他命令三天后动身，四十万户百姓仓促上路，哭声震地。次年，高欢又命拆毁洛阳宫殿，把材料运到邺城去建造新宫。

从此，北魏分裂为东魏和西魏。

孝静帝即位时年仅11岁，年幼无知，由高欢辅政。高欢权倾朝野，孝静帝天天提心吊胆，对高欢特别恐惧。

高欢为了获得鲜卑贵族的支持，竭力推行鲜卑化的政策；为了得到汉族豪强地主的拥护，听任他们贪污搜括，为非作歹。

高欢病死后，其子高澄承继父职，权势更大。

有一天，高澄陪孝静帝饮酒，劝酒时毫无礼貌，孝静帝气愤地说："自古没有不亡之国，朕实在不想活了！"高澄听了，大怒道："朕？朕？狗屁朕！"说完，叫心腹崔季舒连打皇帝三拳，然后自顾自走了。孝静帝又怒又恨，与宗室元大器、侍讲荀济等密谋，以堆土山为名，在宫中掘地道，直通高澄府邸，要杀高澄。高澄发觉后，带兵进宫，质问皇帝说："我们父子有功于社稷，你为什么要反？"孝静帝大怒道："自古以来，只有臣反君，哪有君反臣的。你自己要反，为何反责备朕？杀了你，社稷可安；不杀你，亡国就在眼前。"高澄怒不可遏，将孝静帝幽禁起来，将几个忠于孝静帝的人全都活活煮死。

正当高澄紧锣密鼓地准备篡位时，被他整日虐待的奴隶杀了。

高澄死后，其弟高洋继任兄职。次年，高洋废了孝静帝，自立为帝，改国号为"齐"，史称北齐，东魏灭亡了。

高洋封孝静帝为中山王，上书不称臣，于中山国设立北魏宗庙。次年，孝静帝被高洋用毒酒毒死。

孝静帝是北魏孝文帝的曾孙，是个美男子，自幼聪明，爱好文学。他武艺高强，能夹石狮子翻墙，射箭百发百中。他虽是一个文武全才，但受制于高氏父子，只能当一名傀儡，始终未能亲政，只一任便成了亡国之君。

东魏历一帝，共十七年。

(三) 西魏

北魏孝武帝逃到长安后，被宇文泰毒死。

大统元年（535年），宇文泰另立北魏孝文帝的孙子南阳王元宝炬为帝，改元大统，与高欢所拥立的东魏对立。从这时候起，北魏分裂成两个朝廷。历史上把建都在长安的叫西魏，建都在邺城的叫东魏，也有的历史学家将孝武帝入关那年定为西魏的始年，也就是高欢拥立孝敬帝那年。

元宝炬，鲜卑族，史称西魏文帝。他自幼爱好学习，修得满腹经纶，被北魏孝明帝任命为直阁将军。太昌元年（532年），北魏孝武帝即位，拜元宝炬为太尉。

大统元年（535年）正月，元宝炬即位，在位十七年。他全力支持宇文泰推行改革政策，使西魏迅速强大起来。

西魏时北方经济逐渐恢复，人民安居乐业，奠定了北周统一中国北方和隋朝统一中国的基础。

西魏时期佛教盛行，石窟文化灿烂辉煌，敦煌石窟第249窟就是西魏所营建，艺术成就极高。

西魏恭帝三年（556年）十月，宇文泰去世，其子宇文觉继任太师、柱国、大冢宰。宇文觉年仅15岁，军国大事均由堂兄宇文护主持。

同年年底，宇文护逼魏恭帝禅位给宇文觉，建立北周，西魏灭亡了。

西魏历三帝，共二十三年。

(四) 北齐

高洋称帝，建立北齐。

高洋即位初期，留心朝政，任用贤臣，严格执法。他还减少官吏，鼓励生产，齐国迅速强盛起来。

可是，没过多久，高洋就腐化了。

高洋做了九年皇帝，由于饮酒过多，肝脏出了毛病，不治而终。

高洋的儿子高殷即位后，改革朝政，凡不能胜任的军官一律退休，靠行贿做官的一律淘汰。这些人怀恨在心，纷纷投靠他的弟弟高演。不到一年，高演夺了帝位，杀了高殷。

高演在位仅二年，一天去打猎摔成重伤。高演因儿子高百年年纪小，把帝位传给了九弟高湛。

高湛做皇帝才三年，就把帝位传给了儿子高纬，自己做太上皇享福去了。

高纬从小在宫中长大，只知道享乐。

由于政治腐败，北齐国势一天天衰弱。

十二年后，北周武帝发兵灭了北齐。北齐历六帝，共二十八年。

（五）北周

宇文泰去世后，他的侄子宇文护逼西魏恭帝将帝位禅让给宇文泰的第三个儿子宇文觉，建立了北周。

宇文觉不愿意当傀儡，在亲信的怂恿下想杀掉宇文护，结果反被宇文护杀了。

宇文护又立宇文泰的大儿子宇文毓做皇帝。不久，他将宇文毓毒杀。

接着，宇文护又立宇文邕为帝，史称周武帝。周武帝先集中力量搞好内政，直到十二年后才下决心除掉宇文护。

周武帝亲政的第二年，下令释放奴婢和杂户为平民，并制定刑书，用重刑约束骄横的地方豪强。

周武帝发展生产,减轻了人民的负担,为消灭北齐创造了条件,也为后来隋文帝统一中国打下了基础。

北周历五帝,共二十五年。

(六)隋(统一中国前)

北周武帝是个很有作为的皇帝,而继承他的周宣帝却是一个荒淫残暴的人。

周宣帝死后,他的岳父杨坚掌握了朝中的大权。

杨忠尽心尽力辅佐宇文泰,被封为隋国公。

开皇元年(581年),杨坚推翻北周,建立隋朝,史称隋文帝。

杨坚在夺取政权之后,进行了一系列的改革,增加了国家的财政收入,出现了国富兵强的景象。

开皇八年（588年），隋文帝造了大批战船，派他的儿子晋王杨广、丞相杨素担任元帅，贺若弼、韩擒虎担任将军，率领五十一万大军进攻陈朝。

南陈皇帝陈后主是一个荒唐透顶的昏君，只知道吃喝玩乐。

两路隋军逼近建康，京城震动，陈后主这才从醉乡惊醒。

隋军顺利地攻进建康城，陈军将士不是被俘，就是投降。

隋军冲进皇宫,到处找不到陈后主,便捉了几个太监审问,才知道陈后主逃到后殿,躲在枯井里。

老兵把绳子丢到井里,大家一齐用力,却没拉动。又来几个人帮忙,才把陈后主拉上来,原来还有陈后主的宠妃也躲在井底,和陈后主一起被拉了上来。

南朝最后一个朝代灭亡,南北朝结束。

从西晋灭亡起,中国经过二百七十多年的分裂,终于统一了。